誰が、なぜ？
加来耕三の
まさかの日本史

加来耕三
Kaku Kouzo

はじめに——歴史はウソ⁉ マサカ⁉ の連続

ラジオの全国放送で十年間、毎週土曜の朝に十五分、話させてもらった。

番組で取りあげるのは、歴史上の人物が中心で、これは本当に使い勝手がよかったといえる。

彼らは日記や手紙など、生きた痕跡は残していたものの、己《おの》が全人格を後世に遺すというような、ぎょうぎょうしい作業はしておらず、今日の人と同じように、ある日突然、この世を去った。

それでいていつしか、出来上がったイメージ、衣《ころも》をまとっていた。

たとえば、〝戦国三英傑〟の織田信長《おだのぶなが》は、有名なほととぎすの歌にたとえられるように、「鳴かぬなら、殺してしまえ」を一つの性格設定としてふられていた。

「鳴かぬなら、鳴かせてみよう」が豊臣秀吉《とよとみひでよし》で、こちらは暴君信長に仕えて天下を取ったのだから、さぞ謙《へりくだ》って知恵を働かせたであろう、との後世の忖度《そんたく》が加えられたようだ。

最後の「鳴かぬなら、鳴くまで待とう」が徳川家康《とくがわいえやす》——忍耐強く乱世を生き抜き、秀吉の死後、ようやく天下を取った、ということになっている。

付随して、家康が六十三歳のおりに認《したた》めた、と伝えられる遺訓もあった。

人の一生は重き荷を負うて遠き道をゆくがごとし、いそぐべからず、不自由を常とおもえば不足なし。こころに望《のぞみ》おこらば、困窮したる時を思い出すべし。堪忍《かんにん》は無事長久の基、いかりは敵とおもえ。勝《かつ》事ばかり知りて、負くる事を知らざれば、害その身にいたる。おのれを責めて、人を責むるな。及ばざるは過ぎたるよりまされり。

ところが、この「東照宮御遺訓」は後世の人々の仮託によるものであり、旧幕臣・池田松之助の偽筆であることが、徳川美術館の館長であった徳川義宣《よしのぶ》氏によって実証されてしまった。同様に、先の「ほととぎす」もどうにもあやしい。筆者＝私はまったく逆の本性をもった人ではなかったか、と疑ってきた。

すなわち、家康は元来は猛々《たけだけ》しく、ややもすると狂噪《きょうそう》し、暴走しかねない危うさをもっていた。その激越なさまは、あるいは信長を凌駕《りょうが》していたかもしれない。その激しさを矯《た》め、己れの鋭鋒ぶりを眠らせるために、家康は自身に律義者の催眠をかけたのではないか。

いわば、家康の分厚い皮膚の厚みに匹敵する、その堅牢な二重人格は、幼少期の人質生活や信長に属邦扱いされた日々のなかで、つくりあげられた鎧《よろい》であったといえよう。

もし、家康が己れで己れを抑制する人質生活や不遇時代を体験していなければ、おそらく彼は三河の土豪同士の争いの中で、揉《も》まれ熱せられ狂悖《きょうはい》し、揚げ句の果てには、剣や弓矢を前からのみか背後からも受けて、頓死《とんし》した公算も決して小さくはなかった。

――そういう血脈であった、とする傍証はある。

家康の祖父・松平清康《まつだいらきよやす》は、譜代の家臣に妖刀村正《むらまさ》で斬殺されていた（享年二十五）。また、家康の長男・信康《のぶやす》も、重臣の恨みをかって、信長に切腹を命じられている（享年二十一）。


ことほどさように、史実の人物は伝えられるイメージと大きく異なっていた。

どうやら日本人には、一度創られた人物像を、後生大事にかかえて、守ろうとする癖があるようだ。異なる解釈にでも出会おうものなら、むきになり、つっかかってくる人も少なくない。完全無欠、非の打ちどころのないパーフェクトな人格を、歴史上の人物に着せたがる人も日本には多い。

だが、そんな人はいない。どんなすばらしい人物にも欠点はあるし、むしろ欠点が光の曲線で長所ともなるのが、生の人間である。

あまりに防衛本能が極端である場合、その人物が消えてしまうこともあるから要注意だ。

すでに、完璧な人格者・聖徳太子《しょうとくたいし》は教科書から消えてしまった。

戦前、ほめすぎた歴史上の人物の多くも、戦後は復帰をみていない。

後醍醐《ごだいご》天皇の忠臣とされた楠木正成《くすのきまさしげ》をはじめ、朝鮮出兵に活躍した加藤清正《かとうきよまさ》、明治の戦争に生命《いのち》を賭した東郷平八郎《とうごうへいはちろう》や乃木希典《のぎまれすけ》も然《しか》りである。

むしろ、解釈の幅が広い人物ほど、人々の口の端《は》にはあがるもののようだ。

歴史学は結果を求める学問ではなく、プロセスを幾重にも考え、自分なりの見方を確立するところに醍醐味がある。

本書はまさに、その集大成といってよい。

ご好評をいただき、いまだに出会う方々から、「ラジオ、聞いていました」といわれる十年間の放送で使用したメモなどをもとに、テーマと人物を整理し、まとめたのが本書である。

目次をみて、興味のもたれた項目、人物から読み進めていただければと思う。

かならずや、新しい発見があるはずである。

平成二十四年早春　東京練馬の羽沢にて

加来《かく》耕三《こうぞう》

目次◎誰が、なぜ？　加来耕三のまさかの日本史

第四幕　ときは幕末・維新・明治の時代

誰が、なぜ？　加来耕三のまさかの日本史

第一幕

ときは
天皇・藤原氏・
女の時代

最高権力者は八百万《やおよろず》の神VS仏教の勝者か？

古代日本の国政を、四代にわたって支配した蘇我氏《そがし》の初代は、稲目《いなめ》という人物であった。活躍したのは欽明《きんめい》天皇の時代。六世紀前半の倭《わ》の混乱の中で一族を主流に導き、「大臣《おおおみ》」の地位を得ている。

稲目がほかの豪族と違っていたのは、お金とか計算、つまり経済がよくわかった人だったからで、朝鮮半島から渡来した一族ではないか、といわれる所以《ゆえん》でもある。

蘇我氏が絶大な権力を手に入れた理由

蘇我氏の二代目が、敏達《びだつ》、用明《ようめい》、崇峻《すしゅん》、推古《すいこ》の四代の大王《おおきみ》に仕えた蘇我馬子《そがのうまこ》で、このころが蘇我氏のもっとも栄えた時代といえる。彼が絶大な権力を掌握《しょうあく》するにいたったのは、仏教というものを手に入れたからである。

そのころの仏教は、単なる宗教ではなかった。海外から伝来する最新の知識や文化、いわば総合科学が仏教であったといってよい。

その仏教を認めるか、認めないか、というところで、日本を二つに割る戦争が起きた。

一方の当事者は物部氏《もののべし》で、ときの大連《おおむらじ》の守屋《もりや》は、日本には八百万《やおよろず》の神々がいるのに、いまさら仏教などという、わけのわからないものを入れれば、国神《くにつかみ》の怒りを招くと主張。いまでいう改革派と守旧派の戦いみたいなものであった。

当時の勢力の大きさからいうと、物部氏のほうが圧倒的に強大であった。なにしろ、物部氏の威力は河内国（現・大阪府東部）から大和（現・奈良県）におよび、とりわけ軍事力を掌握していた。

さすがに蘇我馬子も、すぐに正面きって戦うわけにはいかない。

当初は、できるだけことを荒だてないように、武力を用いないように、少しずつ仏教を広めていきながら、仏教を認めている一族はどこか、戦争をやったときにはどこが自分に賛同してくれるか、といったところを見極め、押さえていった。

そのように馬子が慎重に出れば出るほど、物部守屋は、「なんだ、いつも逃げているじゃないか。これはたいしたことはないな」と、増長していった。あげくの果てに、疫病がはやって多くの死者が出ると、それを仏教のせいだ、と吹聴。仏教に対して、大弾圧をはじめてしまう。

ここにいたって馬子は、この事態を世間がどう見たかということを確認したうえで、もはや戦うしかないとの決断を下す。

家来でありながら天皇を殺した馬子

この物部氏と蘇我氏の戦いで興味深いのは、十四歳の聖徳太子《しょうとくたいし》（厩戸皇子《うまやどのおうじ》）が参加していたことだ。

このとき、皇子は霊木を伐って四天王像をつくり、それを自分の髪の毛にゆわえて、「もしこの戦いに勝たせてくれたならば、四天王のために寺を建てる」と誓いを立てて戦っている。これが大阪の、四天王寺の起源とされる。

戦いの初期は、物部陣営が圧倒的に有利だったが、守屋が射殺されてからは形勢が一挙に逆転。この勝利によって、馬子は最高権力者の座を手中にする。

国づくりの象徴として飛鳥寺《あすかでら》を建立《こんりゅう》したといわれているが、馬子の権力がどのくらい強大なものであったかを物語るのが、崇峻天皇の暗殺であろう。家来が天皇を殺すなどという、畏れ多いことを、馬子は平然と断行したのである。

聖徳太子との確執もあったといわれているが、これには諸説あって、はっきりしたことはいまだにわかっていない。

むしろ、馬子の存在があったからこそ、聖徳太子も自分の意図したことができたわけで、二人が並び立ったことはあっても、太子が馬子を押さえ込むなどということは、勢力的にも、実力的にもありえなかったに違いない。

大化改新《たいかのかいしん》は中大兄皇子《なかのおおえのおうじ》が考えたものではなかった？

馬子の次の世代が蝦夷《えみし》で、そのころには天皇の一族やほかの豪族からの反感も強まり、蘇我氏の内部分裂などもあって、四代目の入鹿《いるか》のときに、大化改新が起こる。

ただ、大化改新に関しては、どうも物語が先行しすぎているような気がする。蹴鞠《けまり》をしているときに、中大兄皇子の沓《くつ》が脱げて飛んだ。それを中臣《なかとみの》（のち藤原《ふじわらの》）鎌足《かまたり》がいちはやく拾って皇子のもとに届け、ここで二人は初めて出会ったということになっている。

しかし、これはあとからつくられた話で、鎌足が最初に近づいたのは軽皇子《かるのみこ》（のちの孝徳《こうとく》天皇）ではなかったかと思う。軽皇子の参謀として、鎌足はついていたものの、のちに中大兄皇子があらわれ、どうやらこちらのほうが能力が高そうだ、というので、鞍替《くらが》えしたのではあるまいか。

中臣家というのは、もともと神官の家柄なので、豪族としての力はない。そのため、皇族の力を背景にして、蘇我氏に不満をもつ豪族を味方に引き入れるしかなかった。

大化改新もじつは、中大兄皇子が考え出したものではなかったようだ。

少し前に、中国大陸で巨大な中央集権国家である唐《とう》が成立した。

もしかしたら、朝鮮半島からさらに日本列島に攻め込んでくるかもしれない、という国際情勢にあって、日本側も大改革を迫られていた。

だから、その改革を、蘇我入鹿がやるか、中大兄皇子がやるかの違いだけで、両者とも同じようなことを主張していた可能性は高い。

たまたまクーデターで入鹿が暗殺され、中大兄皇子が権力を握って、鎌足とともに改革を断行したというだけのことである。

死後に美化されすぎた伝説の太子

聖徳太子《しょうとくたいし》はよく〝悲劇の政治家〟といわれるが、そもそも彼は政治家だったのだろうか。

五九二年、推古《すいこ》天皇が初の女帝として即位すると、その翌年、太子が摂政になっている。だから、政治家といわれるのだが、実際に政治をやったのは蘇我《そが》氏で、彼は飾りとして存在しただけではなかったろうか。

聖徳太子は蘇我氏の飾りだった？

聖徳太子の業績といわれている「十七条憲法」が六〇四年につくられているが、有名な「和をもって貴しとなし」は、原文では「和《やわらか》なるをもって貴《とうと》しと為《な》し、忤《さか》うることなきを宗《むね》とせよ」とある。

ようするに、「和の中から出てはいけない。決められたらとやかく言うな」という意味で、いまわれわれがいうところの「和」とは違って、むしろ、談合社会を大事にして、全体に逆らってはいけない、という解釈になる。

ともあれ、十七条をずっと読んでいっても、憲法的な内容ではなく、人間の内面的なことを語っているとしか思えない。

聖徳太子は哲学者であり、学者で、仏教を受容し、経典や漢籍の解釈など、学者としてはきわだっていた。しかし、政治家としての資質があったかどうかとなると、はなはだ疑問である。

聖徳太子は、牛乳を飲んでいたと思われる。仏教では、お釈迦さまが苦行のあと、最初に口にしたのが牛乳でつくった粥《かゆ》だったと伝えられ、経文《きょうもん》に、牛乳は体にいいと書かれていた。それを聖徳太子が読んでいるのは間違いなく、おそらく自分でも実践していただろう。

この時代、絶大な権力を掌握《しょうあく》していたのは蘇我馬子《そがのうまこ》で、五十四年にわたり、ずっと大臣《おおおみ》を続けていた。その間、太子はしきりに中国の隋《ずい》との外交交渉など、手を替え品を替え、なんとか馬子の束縛から逃れようとしたようだが、ほとんど成功していない。

もっとも太子が、次代の天皇になった可能性はないわけではなかった。ただ、推古天皇より太子のほうが先に死んでしまったため、実現しなかっただけのことである。

しかし、かりに聖徳太子が天皇になったとしても、蘇我氏の傀儡《かいらい》政権で、実権は馬子が握っていたに違いない。そういうことに無常観を覚えたのか、太子は四十九歳でこの世を去っている。

誰も知らない聖徳太子の実像

太子が「厩戸皇子《うまやどのおうじ》」と呼ばれるのは、母親が馬小屋の前で産気づいて、そこで生まれたからだ、との俗説がある。こうした伝説は、キリスト教の影響があったのかもしれない。

キリスト教というと、当時はいかにも遠い国の宗教のように思われるだろうが、すでに中国には唐代に伝来していて、「景教《けいきょう》（ネストリウス派キリスト教）」といわれていた。

聖徳太子の実像を探ると、生きているときはほとんど、政府の人々からは相手にされていなかったように思われる。無理もない。太子は特定の派閥をもっていたわけでもないのだから。

聖徳太子をここまで偉人にし、ときに信仰の対象にまで祭り上げたのは、のちの仏教徒、諸宗門にほかならなかった。

蘇我氏の専横に対する批判は、太子の存命中には表面化していない。ところが、太子の死後、そういった話が出てくるあたり、やはりあとでつくられた話とみるほうが、自然であろう。

聖徳太子の伝記が書かれるのも、平安時代ぐらいからで、そのころから荒唐無稽《こうとうむけい》とも思われる数々の伝説が生まれている。

太子の死因は伝わっていないが、一部にいわれるような毒殺されたという証拠はない。四十九歳というのは、当時としてはけっして若死にではなく、むしろ、平均より上である。

伝説は数々あっても、太子にまつわる怨霊《おんりょう》伝説がないところをみれば、暗殺というような死に方ではなかったことは明らかであろう。

政治の世界で頑張ろうと思ったけれど、どうにも芽が出ないので無常観を抱き、学者でいくことにして斑鳩《いかるが》に引っ込み、そこで病気になって死んだ、といったところではなかったろうか。

戦争を一度もしたことのない征夷大将軍

坂上田村麻呂《さかのうえのたむらまろ》が、征夷大将軍に任命されたのは延暦《えんりゃく》十六年（七九七）、ややオーバーな言い方をすれば、この少し前まで、日本の朝廷は存亡の危機にあった。

お金がないのに平安遷都《せんと》

延暦三年（七八四）、桓武《かんむ》天皇は奈良の平城京から京都の長岡京に遷都をしたが、その翌年、新都造営を指揮していた人間が、現場で殺された。藤原種継《ふじわらのたねつぐ》である。

この暗殺事件が、あまりにも血なまぐさいものだったため、九年後にさらに平安京に遷都をすることになる。当然ながら、遷都には巨額の費用がかかった。

にもかかわらず、かたや奥州《おうしゅう》（現・東北地方）では蝦夷《えみし》との戦争が激化していた。そのため、朝廷にはもはや余力のお金がなかったのである。このとき、朝議で戦争を一時やめるか、平安遷都をやめるか、どちらかにしたらどうか、という提案が出た。

ところが、桓武天皇というのはどうも意地っぱりなところがあったらしく、どっちも続行するといってきかない。

「考え方を変えてみろ。もし奥州戦争で勝ったら、お金はそこからあがってくる。それで遷都をやればいいのだ」

こんな無責任なことを言う始末だった。

ところが、奥州の蝦夷と戦っても勝ち目はない。なぜなら、蝦夷の人たちには土地を所有するとか、定住するという観念がなく、あちこち移り住みながら暮らしていたので、土地勘では朝廷側の比ではなかった。そのうえ、狩猟民族が多いため弓も使える、武器も豊富。ゲリラ戦をやられたら、朝廷軍など手も足も出ない。

大伴家持《おおとものやかもち》も、征東将軍の大任を帯びながら、失敗して現地で没している（異説もある）。それで征東大将軍の紀古佐美《きのこさみ》が行くが、これも五万二千余を率いながら壊滅的な大敗を喫している。

朝廷はまさに、にっちもさっちもいかない最悪の状況で、坂上田村麻呂を登用することになったわけである。当初は、征夷副使の一人で、三十四歳であった。

征夷大使の大伴弟麻呂《おおとものおとまろ》やほかの副使たちはいずれも田村麻呂より年長であり、実際の戦闘指揮は田村麻呂にゆだねられた。

ところが、この坂上田村麻呂という武人は、戦争をした経験がなかった。

それがなぜ選ばれたかというと、朝鮮半島からの渡来系で、『孫子《そんし》』など中国の古典的な兵法の知識をもっていたからだったらしい。あるいは、殿上公家たちがみんな、行くのはいやだと逃げたため、やむなく彼が引き受けたのかもしれない。

坂上田村麻呂はどうやって蝦夷を平定したか

このとき、田村麻呂の戦略が巧みだったのは、実戦に打って出ることをしなかった点である。もはや、ろくに兵もないわけだから、彼が率先して戦っていたら、必ず負けていたはずだ。ここで敗れて、逆に蝦夷側が西に攻め進んできたら、それこそ朝廷は危機的状況に追い込まれたであろうし、すでにその兆候もあった。

そこで田村麻呂は、臨戦体制をとりつつ、開戦の気配をまったく見せないようにして、奥州で農業をはじめたのである。しかも、土地を開拓し、農地をつくって、穀類などを栽培していく。これを毎日やった。当時の兵士も、平時は農民だったから戦うよりは農耕のほうが慣れている。

蝦夷の人たちは定住していないから、土地を奪われるという観念もなく、むしろ、朝廷側の人たちはなにをしているのだろうと、不思議な面持ちで様子をうかがっていた。そのうち、彼らの中にも好奇心の強い者がいて、なにをしているのかと聞きにきたりする。

そこで、彼らにも農耕のやり方を教えてやり、「こんなふうにやったら、食い物を探しながら移動しなくてもすむぞ」と説いたわけである。

すると、蝦夷の中にも、こういう生き方がいいのではないか、と考える人たちもあらわれてくる。あくまで狩猟中心に徹するんだ、という人と意見が割れて、蝦夷全体の統率力は落ちた。

田村麻呂はこのようにして相手を説得、懐柔《かいじゅう》し、融和させることによって、結果的に蝦夷の平定に成功したのである（征夷大将軍に任命されたのは、三十九歳）。

「百戦百勝は善の善なるものにあらず」――つまり、百戦して百勝したとしても、それは最善とはいえない。戦わずして勝つことこそが、最善であるという兵法を実践したのである。

凱旋にいたるまで五年の歳月を要し、彼もいつしか四十五歳になっていた。

いま、東北地方のねぶた祭りなどに見る坂上田村麻呂は、大きな髭《ひげ》を生やした勇猛な豪傑のように描かれているが、実際は、一度も本格的には戦わずに、農業ばかりやっていたのである。「にっこり笑うと赤子も笑った」という。

彼は説得に応じて帰順した蝦夷のリーダーたちを、都へ連れ帰ったりもしている。ただ、蝦夷の抵抗に怒った桓武天皇は、彼らを殺させてしまったが、そうした行き違いはあったものの、坂上田村麻呂という武人は、日本で最初に武士道の奥儀＝戦わずして勝つ、を示した人ではないかと思う。

危急存亡のときにあらわれて、国家を救ってくれたという意味では、まさに英雄だった。

もちろん伝説だが、日本の各地に田村麻呂によって創建されたといわれる寺社がたくさん残っている。史実のほどは不明だが、京都の清水寺を建てたのも、坂上田村麻呂だといわれている。彼が多くの人から慕《した》われていた証拠である。

田村麻呂は五十四歳で亡くなっているが、死後も朝廷を守ってほしい、との願望から、鎧兜《よろいかぶと》を着けたままの姿で埋葬されたという。

奈良の都から官僚用の高級料理がはじまった

青丹《あおに》よし寧楽《なら》の京師《みやこ》は咲く花の
薫《にお》うが如く今盛《さか》りなり

『万葉集』にも歌われた平城京、つまり奈良の都は、和銅《わどう》三年（七一〇）、唐の首都・長安をモデルに、その四分の一の大きさで造営された。当時の平城京の人口は、二十万人ぐらいと推定されている。

平城京の役人の知られざる日常生活

そのころの役人たちは、どういう生活をしていたのだろうか。

当時のごみ捨て場の跡から出土した竹簡《ちくかん》や木簡《もつかん》（紙がとても貴重だった時代のメモ帳、記録簿）によって、うかがい知ることができる。

当時の役所に関する法令「職員令《しきいんりよう》」によると、当時の役人の数は七千八百十四人。これを八省百官に分けて、それぞれが公務をとっていた。

当時の役人の勤務時間だが、朝廷に通じる十二の門は、夜明けとともにいっせいに開く。

つまり、役人たちは基本的に、日の出とともに出勤していた。そして、午前中で仕事は終わり。平均すれば、一日八時間労働で、週休一日。

勤務時間は偉い人も下っぱの人も同じだが、ポストの高低によって官舎が決められており、身分の高い人は朝廷の近くに、下級役人ほど遠いところに住んでいたため、家を出る時間、帰宅時間はかなり違った。

平城京のはずれのほうに住んでいた役人は、毎日徒歩で片道一時間半ほどかけて通っていた。

一般の役人は、午後は市場などを見ながらぶらぶらと帰るのだが、当時の東西の市では、薪《たきぎ》、米、麦から野菜類、食器類、衣類、文具などの生活用品は、ほとんどそろっていたようだ。

ただし、下級役人たちには、基本的に物々交換とはいえ、生活用品まではなかなか手に入らなかった。彼らが給料としてもらっていたのは、精米されていない黒米、それに塩、酒粕《さけかす》、あと乾燥ワカメなどであった。

だから、彼らは米に小麦や豆などの雑穀を混ぜ、味つけはおもに塩を使っていた。はっきりした記録はないが、当時の平均寿命は三十七、八歳くらいで、これは塩分のとりすぎが主な原因と思われる。

当時の甘味料は甘葛《あまずら》ぐらいしかないので、下級になればなるほど、甘味というものを経験したことがなかった。おもしろいのは、酒粕の使われ方である。

彼らは夜明け前から出勤しなければならないので、冬の寒いときなど、酒粕をお湯にといて、それを飲みながら歩け、と「職員令」にあった。ようするに、これで暖をとれというわけだが、ほんのわずかながらもアルコール分があったから、少しは体が温まったかもしれない。

現代の食文化の原型はこのころにあった

総じていえるのは、当時の下級役人たちは、栄養不足で病気にかかりやすかったということだ。だから、いったん伝染病にでもかかったりしたら、なかなか助からない。そんな状態のところで、日常生活をしていたということである。

ところが、これが高級官僚ともなると、とてつもなく豪勢な生活をしていた。およそ、現在の高級料理に匹敵するものは、すでにこのころ出揃っていた。

全国の山海の珍味がそろっていて、遠いところから運ぶときは、わざわざ早馬などを使っている。バターやチーズは、すでに大化改新前に中国から伝来していて、とくに「酥《そ》」が好まれた。牛乳をかきまぜながら煮つめていくと、バターともクリームともいえるような固形物ができる。これが酥で、「醍醐《だいご》」はチーズのようなもの、「酪《らく》」がヨーグルトのようなもの。

現代の食文化の原型は、すでに平城京の時代にできあがっていて、食用の植物の多くも、このころから栽培されるようになった。記録を見るかぎり、カブ、フキ、アオイ、セリ、アザミなどもつくられていたようだ。松茸もこのころから食べるようになっていたし、琵琶湖《びわこ》の名物である鮒鮨《ふなずし》の原型も、すでに平城京で食べられていた。

奈良時代、キャリアウーマン第一号は？

日本の女性は悲しいかな、どうしても、女として生きるか、母親として生きるかの二者択一を迫られてきたようである。両方やろうとするのは、無理だったように思われてならない。

「勝ち組」女性が書いた日記

女流日記文学の先駆けといわれる『蜻蛉日記《かげろうにっき》』は、藤原道綱《ふじわらのみちつな》の母が書いたもので、十世紀半ばからの二十一年間にわたるみずからの半生を綴《つづ》りながら、女がいかに悲しいものかを切々と語っている。

藤原道綱は紫式部《むらさきしきぶ》の遠縁者で、式部も『蜻蛉日記』を読んでいたが、こういうものを思春期に読んでいたら、女性は生き方が変わるのではないだろうか。

この『蜻蛉日記』は、いまでいう「勝ち組」女性の書いた日記だが、夫の藤原兼家《かねいえ》は右大臣の息子、その後、太政大臣まで昇進している。息子の道綱も出世していた。

この道綱の母というのは、この当時の女性としてはかなり機転のきいた女性だったようだ。

当時は夫が妻のもとに通うという通い婚の時代だが、夫が三日続けて通ってこないと、召使に夫の動向を探らせた。

そして、べつの女性のもとにも通っていたとわかると、その女の子どもをみずからが引き取って、養女にするなど、いろいろな手管を駆使《くし》している。

さらに、夫の浮気がおさまらないと、業を煮やし、もう自分は出家すると言って、般若寺《はんにゃじ》に駆け込む。すると、兼家はあわてて追いかけていって、なんとか出家を思いとどまらせようとする。

道綱の母は日本女性の典型のようにいわれているが、むしろ彼女からは、耐え忍ぶだけではない、女性の力強い生き方のようなものが感じられる。

夫を捨てて、権力者の妻になった女

時代は白鳳《はくほう》・奈良時代にさかのぼるが、橘三千代《たちばなのみちよ》という女性がいた。

私は、この女性こそがキャリアウーマン第一号ではなかったか、と思っている。

最初は、いまでいう女子高か女子短大あたりを出て、そのまま結婚している。

相手は皇族だけれども、あまりぱっとしない家に嫁ぎ、専業主婦をやっていた。

ところが、軽皇子《かるのみこ》の乳母にならないか、との要請を受けて宮中にあがる。つまり、誘いを受けて就職するわけだが、そこで、家庭では見たことのない世界に遭遇する。

軽皇子はのちに文武《もんむ》天皇となる人だけに、彼女も宮中で力をつけていき、夫を捨てて、藤原不比等《ふじわらのふひと》の妻になる。

不比等は大化改新《たいかのかいしん》をなし遂げた鎌足《かまたり》の子で、すでにれっきとした妻がいたが、それを彼女のほうから略奪したのである。

そして、自分の夫に律令制を確立させるため、いろいろな宮中対策をやっている。そういう意味では、二人は二人三脚で日本の国家基盤をつくった、といっても過言ではない。

そのかわり、家庭は他人《ひと》まかせで、ほとんど省みられなかった。

日本史を見ていくと、天下人といわれた人の母親は、だいたいその子どもと愛情関係が薄い例が多い。

たとえば織田信長《おだのぶなが》の母親は、信長を殺そうとしている。伊達政宗《だてまさむね》の母親も、弟・小次郎のほうに跡を継がせたいため、長男・政宗を毒殺しようとはかったといわれている。

ヒトラーやスターリンも、母親からの愛情は薄かった。逆説的にいえば、天下人になるような非情な人たちは、肉親からの愛情が希薄だったために、天下を望めたのだろう。

豊臣秀吉《とよとみひでよし》の母は再婚し、自分の子どもが邪魔になったのか、お寺に預けてしまう。秀吉は寺で暴れたあげく家出をして、のちに天下人になった。

徳川家康《とくがわいえやす》も人質としてではあるが、幼いときに母親から引き離され、その愛情を受けないまま成長した。その母親はべつのところへ嫁がされ、父親の違う兄弟を生んでいる。

源　義経《みなもとのよしつね》の母、常盤御前《ときわごぜん》もそうだった。

女性の人気で天下人になり、糖尿病で悶死《もんし》した太政大臣

この世をば我が世とぞ思う望月《もちづき》の
　欠けたることのなしと思えば

この歌を詠んだ天下人、藤原道長《ふじわらのみちなが》は、一説には紫式部《むらさきしきぶ》の『源氏物語』の主人公ではないか、ともいわれている。

人気も運も持っていた天下人・藤原道長

紫式部が仕えた主君が、道長の娘・彰子《しょうし》であり、その父親の姿も身近に見ていたという点では、モデルになる可能性はあったが、『源氏物語』は紫式部が朝廷にあがる前に書かれているので、必ずしもそうとはいいきれない部分もある。

藤原道長という人は、本来は主流ではない。いや、藤原氏の主流の家に生まれてはいたものの、四男で、上に兄が三人もいた。通常、長男から順番においしいところをとっていくので、四男ともなる

と、めぼしい役職はほとんど残っていなかった。

ところが、実際にはそうはならず、彼が天下をとることができたのはなぜだったのだろうか。

一言でいえば、女性に人気があったことである。眉目秀麗《びもくしゅうれい》、男性的で、激しい道長の性格も、当時の女性には受けたようだ。

たとえば道長が二十歳のとき、宮中で肝だめし会が行われ、怪談話を飽きるほど聞かせたあげく、大極殿まで行って、決められた柱を削って持ち帰るという趣向が取り決められた。

ほとんどの者が、最後まで行けずに引き返してきたところを、道長だけがやってのけた。

その意味では、王朝の女性たちにとって、憧れの男性像であったことは間違いない。

この当時、宮中で出世するには、妻の実家がどれだけ力を持っているかが重要な要素だった。経済的な援助をしてもらえるからであるが、道長の最初の奥さんは、左大臣・源雅信《みなもとのまさのぶ》の娘の倫子《りんし》だった。

最初、雅信は道長が四男だからということで難色を示したが、倫子の母親の説得によって、結婚話が成就している。

二人目の妻である源明子《みなもとのめいし》をもらうときも、道長の姉の強い推薦で、結婚することができた。彼はどうも、年上の女性の心をとらえるのがうまかったようだ。

ところが、意外なのは、道長には浮気性はほとんどなかったという点である。

当時、複数の妻を持つことは認められていたし、それ以外の女性のもとにも、通おうと思えば毎晩でも通えたが、彼はそういうことをまったくしていない。

どうやら、妻二人だけを持って貴族社会に生き残ったという点が、女性たちの道長人気を支えた側面であったような気がする。

しかも、道長の二人の兄は、道長が三十歳のとき、はやり病の麻疹《はしか》にかかって、相次いで死んでしまい、その結果、道長は右大臣の位を得ることになる。ワクチンがない当時、麻疹にかかればほとんどがアウトである。

ほかにも相次いで人が死んでしまったため、宮中に人材が足りなくなり、翌年には左大臣まで位がのぼってしまう。

さらにその後、三代にわたって、道長の娘が天皇の妃となった。

まさに、「この世をば我が世とぞ思う望月の欠けたることのなしと思えば」――そのままだが、実際は、この歌を詠んだころが、道長にとっては人生最低最悪の状況だったのである。

糖尿病に苦しんだ晩年

彼のライバルだった右大臣・藤原実資《ふじわらのさねすけ》が残した日記によると、五十一歳だった道長が、しきりと喉《のど》の渇きを訴えたとあり、「飲水病」という言葉が使われていた。

間違いなく糖尿病の兆候で、さらに白内障を併発。背中には腫《は》れ物ができて、七転八倒しながら晩年を送っている。

自宅の横に法成寺《ほうじようじ》という寺を建て、そこに隠居をして静かに死んでいったと伝えられているが、実際はそうではなく、痛い、苦しいと言って悶絶《もんぜつ》しながら、この世を去ったようだ。

そうなった理由は、明らかに運動不足。糖分が高いどぶろくを毎晩のように飲んでいるし、とくに貴族はどこに行くにも牛車《ぎつしや》に乗る。そのうえ当時の人々には、健康という概念がそもそもなかった。

したがって、彼が天下人になったことは間違いないが、「我が世に欠けたるところがない」という歌にしても、苦しい日々の生活に対するやけくそで、こういうことを言ったのではないか、という気がしてくる。

歴史学上、道長がどのような行政をしたかという点になると、ほとんどめぼしい業績は思い浮かばない。最終的には太政大臣にまでのぼりつめたが、天下人・道長の実像、正体を見たら、だいたいこんなものかな、という感じがする。

梅VS菊VS桜、花の人気は時代で変わった

「花は桜木、人は武士」という一休宗純《いっきゅうそうじゅん》の言葉にもあるように、日本人と桜はいかにもぴったりのものと思われているが、日本の歴史をさかのぼると、意外に桜と日本人の出会いは古いものではない。

奈良時代は「梅」、平安時代は「菊」が愛された

西行《さいぎょう》法師の歌の中に、次の一首がある。

願わくは花の下にて春死なん
　その如月《きさらぎ》の望月《もちづき》のころ

この歌を根拠に、いかにも西行の時代から、桜がブームになっていたように思われている人も多いようだが、このころのとらえ方は、「西行のように、桜が好きな人もいるんだ」といった程度である。日本人と桜の関係ができたのは、近世＝江戸時代に入ってからである。

たとえば、『万葉集』に桜がどれだけ登場するかを調べてみると、四十二回。一位が萩、二位が梅、

三位が松で、桜はさらにずっとあとの八位となっている。

奈良時代にもっとも高貴とされ、愛された花は、ダントツ梅であった。

ちなみに、『万葉集』には菊を歌ったものが一首もない。菊は天皇家の紋章とされているけれども、その当時はまだ、さほど日本には入ってきていなかった。やっと菊が歌われるようになるのは、平安時代になってからだ。

菊が天皇家の紋章になるのも、じつは鎌倉時代以降で、中国でこそ菊は皇帝の花ということで大事にされていた。重陽《ちょうよう》の節句（九月九日）には、菊花の宴、菊酒、菊合わせなどが、さかんに行われていた。日本でもそれらをまねたのだろう。

「桜」はいつから日本人に愛されたのか

平安時代に菊が台頭したのを見て、そのあとに登場した武士が、われわれにもなにか朝廷に負けない花がほしいものだ、と考えた。

そこで、関東にたくさん咲いていた山桜を見て、「よし、これにしよう」ということになった。

そして、源頼朝《みなもとのよりとも》が鎌倉に幕府を開いたころあたりから、少しずつ桜が武士の花として認知されるようになる。関東の山桜を京都に持ち込んだのは、室町幕府の将軍家・足利《あしかが》氏であった。

いま桜といえば、ソメイヨシノを思い浮かべるが、これは江戸末期から明治初期にかけて、吉野山から移植したものを品種改良してつくられたものであり、ずっと新しい。きれいに咲くけれども、日もちが悪く、すぐ散ってしまう。木の寿命もせいぜい五、六十年くらいと短かった。

室町時代には、いわゆる通り抜けぐらいで、まだお花見の習慣はない。

江戸時代には花見の定義というものが、あったらしい。

①桜がたくさん咲いているところでやる、②その下で飲食をする、③団体でやらなければいけない。この三つがそろわないと、花見とはいわないというのだが、それに適合するような花見が行われるようになったのは、江戸時代もしばらくたってからのことである。

江戸時代も、五代将軍・徳川綱吉《とくがわつなよし》のころは、「生類憐《しょうるいあわれ》み の令」などを出していて、とても花見をするような心の余裕はなかった。花見ができるようになったのは、鷹《たか》狩りを奨励した八代将軍・吉宗《よしむね》の時代からである。

鷹狩りをするためには、狩るための鳥類や小動物が必要になる。それを確保するための林をつくろうとして、桜の木を植えたのが始まりだった。

桜の木を植えて、そこを狩り場にしたわけだが、狩りというのは冬場にやるもので、花が咲きそろう春には用がない。そこで、町人たちが花見をはじめたのである。

当時の記録を見ると、花の便りは、桃、梅、桜の順番になっていた。桃の花を見にいくのは、庶民の男女、それも未婚の人たちのデートの場だった。梅は夫婦で見にいき、桜は町内会みんなでいく。そろいの羽織までつくって騒ぐ、という花見の様式ができたのは、やはり八代将軍以降のことであった。

源氏物語は「しょせん男は男よ」で書かれている

私の個人的な見解だが、紫式部《むらさきしきぶ》は同性愛者だった可能性が高い。

少なくとも、非常に陰気な人であったことはたしかで、三十歳近くになってから、藤原宣孝《ふじわらののぶたか》と結婚している。宣孝は十何歳も年上で、歌や踊りの上手な人だったようだ。二人のあいだに女の子が一人、生まれているが、夫は結婚後、三年足らずで死んでいる。

そのときに通常なら、旦那さんを偲《しの》んで哀傷歌の一つも詠むのが、当時の宮中女性の一般常識だが、紫式部にはその痕跡がまったくなかった。

紫式部が同性愛者だったという理由

一般に、紫式部を文学から見るときは『源氏物語』から入るが、歴史学から見るときは、『紫式部日記』や『紫式部集』（歌集）から入る。

そして、彼女の言っていることを見ていくと、彼女のことを「中の君（＝妹君）」と呼ぶ女性が出てくる。この女性がどうやら紫式部の親愛なる年上の女性のようで、宣孝との結婚は、父親がその女

性と式部の関係を断ち切るために、無理やりさせたものであったらしい。

そんな結婚だから、夫婦生活もうまくいっていなかったのではないだろうか。

紫式部の父親は、藤原為時《ふじわらのためとき》という、当時は高名な学者である。彼の妻は娘が幼いときに死別しており、為時という人は今風の、わりと理解のある人だったようで、再婚はしていない。そのため、式部は乳母らに育てられた。

そんな彼女は、学問ができすぎた。父親の蔵書を読みふけり、兄弟の惟規《これのり》よりはるかに読解力があった。

この当時は、男性と女性の学問は基本的に違っていた。女性は仮名文学、あるいは和歌。男性は、天下国家、治乱興亡の話を、中国の古典から学んだ。

ところが式部は、男の学問をもことごとくものにしていたのである。

『源氏物語』のネタは、自分が宮中で見聞きしたものもあるだろうし、あるいは『蜻蛉日記《かげろう》』を書いた藤原道綱《ふじわらのみちつな》の母とも姻戚関係があるから、ごたごたした話も聞いていたであろう。

しかし、もっとも重要な出典は、中国の古典であり、とくに男女のことについて書いた部分の元ネタは、ほとんどが中国の笑話に記載されていた。

父親がそうした漢籍を読んでいて、彼女もそれを読んでいたに違いない。

彼女が『源氏物語』を書いたのは、夫が死んでから、宮中にあがるまでの、わずかな時期である。藤原道長《ふじわらのみちなが》の長女で一条《いちじょう》天皇の中宮・彰子《しょうし》の、家庭教師のようなかたちで、紫式部は宮中にあがるのだが、宮中にあがっても、彼女は自分が仕えている中宮・彰子に、漢籍を教えてあげるけれど、自分が漢文を読めることは内緒にしてほしい、と頼んでいる。

女性は仮名文しか読んではいけないという習慣があったようで、こざかしい女と思われたくなかったのだろう。

治乱興亡の法則や原理——並いる男性より教養のある女性が、ちゃらちゃらした平安貴族の男性を見たら、ばかげたものにしか見えなかったに違いない。

そのため、むしろ彼女は同性のほうに走ったのではないだろうか。

歴史に登場する男色

同性愛に関する、当時の記述はきわめて少ない。しかし、たとえば、『とりかへばや物語』という男性と女性が入れ替わる小説がすでにあるから、いまの時代と同じようにあったのではないだろうか。男の同性愛が頻繁に出てくるのは戦国時代からだが、歴史的には、空海《くうかい》に男色の傾向があり、稚児《ちご》をもっていたという説があり、平安貴族にもその傾向はなくはなかった。

仏教の僧侶は結婚できないことになっていたから、とくに女人禁制の寺では、自分の教え子や稚児を相手にするようになりやすかったようだ。

鎌倉時代ぐらいから、武士の息子は寺で教養を習うようになるが、そこで悪しき風習を見てしまう。そのうえ、戦争という女性が参加できない世界を経てくると、どうしても男性のほうに走ってしまう。

しかも、戦国時代になると、武運が落ちると考えたのか、出征の三日前から女性に触れてはいけないといわれるようになった。

あるいは、妊婦、出産から一年未満の女性が鎧《よろい》や兜《かぶと》に触れると、夫は必ず戦場で死ぬ、という迷信も一般化している。

ただ、三日間は我慢するけれども、戦場に行くと、すぐに遊女《あそびめ》を買う。そして、転戦すると、金で雇った女性も一緒についてくる。彼女たちは、炊事、洗濯から、宿舎の掃除までしてくれる。とくに重要だったのは、自分が討ち取った敵の首をよく洗って、化粧を施すこと。そうしたうえで差し出すと、いかにも高い位の人間のように見えて、手柄も大きくなり、報奨もよけいにもらえた。

だから、そういうことをしてくれる女性の存在も、ばかにできない。

そういう女性を買えない階層の低い人たちは、男女がセックスをしている場面を描いた春画を、戦場に持参していた。

これには二つの見解があって、一つは戦場での恐怖心をなだめすかすため、もう一つは、それを持っていると弾玉が当たらない、といわれたため。後者は、おまじないでもあった。

無常の世界から生まれた名作

紫式部の最期は、詳しく伝わっていない。

生まれた年も不明なら、没年も不詳。そもそも、本名からしてわかっていない。当然、お墓の場所もわからない。

ただ、式部の死後も父親は生きていて、孫娘（紫式部の子）を引き取って育てている。この孫娘は大弐三位《だいにのさんみ》といって、歌人としても有名だが、後冷泉《ごれいぜい》天皇の乳母になるなど、宮中ではかなり出世している。

現代の日本では、思い出したかのように、『源氏物語』がちょっとしたブームになることがある。

文学から『源氏物語』を見ていくと、光源氏《ひかるげんじ》という高貴でイケメンの男性がいて、いろいろな恋をするという話になるのだけれども、歴史学から見たら、作者は「しょせん男は男よ」という見方で書いていたのだろうという話になる。

紫式部が生きた時代は、光源氏のような世界もあっただろうが、一歩宮中を出れば、状況はまったく違っていた。

宮中ですら六回も放火されているし、巷《ちまた》には疫病がはやり、鴨川《かも》の河原には死骸がごろごろしていた。朱雀《すざく》門を一歩出れば、泥棒や殺人が毎日のように起こっていた。

少しのちのことになるが、源平《げんぺい》合戦の時代、ときの後白河《ごしらかわ》法皇の寝室に、泥棒が入ったことがあった。さすがに泥棒は捕まったのだが、これがなんと武士であった。「なぜ自分のところに押し込んだのか」と、後白河法皇がじきじきに尋問したところ、武士は次のように返事したという。

「武士の掟《おきて》では、自分の親分のいうことを聞かなかったら殺される。聞くところによると、公家の世界には死刑がないらしい。そこで、こっちのほうが楽だと思って忍び込んだのです」

なるほど、公家には死刑はなかった。殺して祟《たた》られるのが恐ろしかったからだが、そのため宮中は泥棒や殺人者に舐《な》められていたのである。——そんな時代であった。

そういう無常の世界にいたということも、紫式部の作品の雰囲気に、多少は影響したかと思われる。

そして、多くの恋があるけれど、しょせん女性は報われないものだ、というのが、彼女がもっとも言いたかったメッセージであって、それが今世紀になってもなお、読み継がれている真因ではあるまいか。

呪禁師《じゅごんし》VS陰陽師《おんみょうじ》VS密教、最後の勝者は？

日本で陰陽師がもてはやされるようになったのは、怨霊《おんりょう》と関係がある。というより、怨霊の呪いからどう逃れるかということで、陰陽師というものがクローズアップされたのである。

時代の要請として登場した陰陽師

この種のもので、もっとも早くに登場したのが、奈良時代における呪禁師だった。典薬寮《てんやくりょう》に属していたから、いまでいう医療機関の役人だが、祈禱《きとう》やまじないによって、病気や邪気を祓《はら》うという役目をもになっていた。

のちの陰陽師《おんみょうじ》（当時は「おんようじ」と呼んだ）もそうだが、呪禁師も、その時代の最先端の学問を身につけていたというところに特徴があり、それくらいの科学者なら、怨霊とも戦えるだろう、という考え方があったようだ。

ところが、戦っているうちに、呪禁師のほうがだんだんと怨霊に負けるようになってくる。

これは、あくまでも当時の人の感覚での話だが、霊には生霊と死霊があって、生きている人間が持っている怨霊とは、呪禁師も戦うことができた。いまでいう精神科医みたいなものである。ところが、退散した霊が、その人が死んだあとになって再び挑んできたときには、さらなる恨みによってエネルギーを増しているため、容易に太刀打ちできなくなっていた。

そこで呪禁師ではだめだ、ということになり、時代の要請として登場したのが陰陽師であった。もともと陰陽師というのは、中国から朝鮮を経由して日本に入ってきた陰陽五行説《いんようごぎょうせつ》にもとづいて、天文を見たり、占いごとをしたりする専門家で、陰陽寮《おんようりょう》という役所に属していた。だが、魑魅魍魎《ちみもうりょう》の侵入を防ぐ「持禁《じきん》」――死んだ人間の呪い、怨霊の祟《たた》りをどうはね返すかということになってくると、当時は方法がなかった。結果、陰陽師が期待された。

天変地異も怨霊の仕業と思われていた

いまでは台風、地震、落雷、流行病などの災害は、自然科学の分野だが、科学的知識がない当時の人にとっては、天変地異を引き起こす怨霊が、どうにもこわくてこわくてしかたがなかった。たとえば左遷されて配所で没した菅原道真《すがわらのみちざね》が、天神様《てんじんさま》という神になったのも、怨霊となって蘇《よみがえ》ってきたと信じられ、それが恐ろしかったから、官位をあげて神様にして、どうかこれでお許しを、といった話である。

もともと、政敵の藤原時平《ふじわらのときひら》が道真を讒言《ざんげん》によって排斥したため、朝廷側にうしろめたい気持ちがあった。そこに落雷によって御所に火事が出たり、都に疫病が蔓延《まんえん》して、皇子や藤原氏のおもだったところがバタバタと死んでいけば、なにかの祟りではないか、と思ってしまうのも無理はない。

これは道真の怨霊の仕業に違いない、ということで、朝廷は真っ青になり、道真の名誉を回復し、神として祀《まつ》って、さらに官位を太政大臣という最高位まで上げることにより、やっと鎮めることができたというのが、京都・北野天満宮の由来となっている。

天変地異だから、必ずいつかはおさまるものだが、陰陽師が登場し、その施術と終息のタイミングとが、たまたま一致したとき、怨霊を退散させた陰陽師として周囲が認めた。

平安時代を代表する陰陽師、安倍晴明《あべのせいめい》もそうした一人だった。

スター陰陽師・安倍晴明の奇妙なエピソード

――『宇治拾遺物語《うじしゅうい》』に、次のような話が載っている。

藤原道長《ふじわらのみちなが》が法成寺《ほうじょうじ》を建てたときのこと。道長が建設現場を見にいこうとして屋敷を出たところ、自分の家で飼っていた犬が、まとわりついてなかなか離れようとしない。あたかも道長を行かせまいとしているかのような様子である。そこで彼は安倍晴明を呼んで、占ってもらったところ、

「これは、道長様を呪うものが埋められているためです」

犬には霊力があって、それがわかるから懸命に引き止めたというのだ。道長がどこに埋まっているかを尋ねると、ある場所を指して、「ここにあります」――そこを掘らせてみると、土中から土器が出てきた。

「この土器の持ち主が、あなたの生命《いのち》を狙っているのです」

「それがだれだか、わかるか」

すると晴明は、懐《ふところ》から紙を出して呪文を唱え、パッと空に投げると、それが白鷺《しらさぎ》になって飛んでいった。

「あの鳥が降りたところに、犯人がいます」

その鳥をみんなで追いかけていくと、六条の万里小路《までのこうじ》あたりの古い家に舞い降りた。そこには一人の法師が住んでいて、それを捕らえて尋問したところ、

「堀川左大臣藤原顕光《ふじわらのあきみつ》公の依頼で術を使いました」

と、白状したという。

安倍晴明にまつわる話は、死人を生き返らせてみたり、死者の国へ行ったりと、しだいにスケールが大きくなっていく。もともと怨霊というような、目に見えないものを相手にしているのだから、なんとでもいえるわけだが、文献的にみて、彼が藤原道長の陰陽師であったことは間違いない。

当時の有力者は、専属の陰陽師を抱えていた。彼らはカウンセラーであり、占い師であり、祈禱師であり、とくに雇い主の仕事やものごとがうまくいくように、方位をみたり、祝詞《のりと》やまじないを唱えるのが仕事であった。祈禱には怨霊を調伏《ちょうぶく》させるという術もあり、怨霊を退治したという話も残っているが、その安倍晴明もいつの間にか消えていく。その前の呪禁師が陰陽師にとってかわられたように、陰陽師も怨霊に対する威力という点では、時代とともに力不足になっていったのだ。

その背景には、密教の流行があった。

陰陽師の代わりとなった密教

時代はやや戻るが、そういった方面でうまく立ちまわったのが空海《くうかい》である。

彼が留学先の中国から持ち帰った密教を広める手だてとして、朝廷に対して、「陰陽道より効きますよ」と持ちかけたのだ。九世紀初頭のことである。

薄暗いお堂の中に金色の仏像を並べ、荘厳な仏典を唱しながら、火を焚《た》いて、独特の法具でパッパッと、なんとなくそれらしいことをやって、「私がいるかぎり都を守ってみせます」と言ったりした。

これに嵯峨《さが》天皇あたりが飛びついて、結局、彼は高野山をただでもらう。高野山は方位学的には京都から見て結界をむすぶべき方位であり、平安京を守る位置にあった。

空海の場合、密教を広めるための方法論が、きわめて具体的なのが特徴で、干ばつ地帯にため池をつくるとか、泉を湧《わ》かせるとか、あたかも奇蹟のようなことをやってみせた。たとえば、空海が独鈷《とっこ》や金剛杖《こんごうじょう》でつっついたところ、水が出たとか、温泉が湧いたといった話は、各地に伝わっている。

空海が中国から持って帰ったのは、当時としては最新の科学・技術で、その中には井戸掘りの技法もあったに違いない。井戸を掘っていたら、温泉が出たという話も、ままあることである。

そういうことをしたという伝説の僧は、三、四人いるが、それらの〝不思議〟によって朝廷に、「陰陽道よりもわれわれのほうが、怨霊を退散させる能力を持っていますよ」と吹き込み、彼らは成

功した。

この密教が普及したことによって、陰陽師ブームが下火となったのである。その意味で安倍晴明ら陰陽師たちは、怨霊にではなく、密教に勝てなかったというのが実情であった。

晴明は、怨霊と戦って華々しく死んだわけでもなく、寛弘《かんこう》二年（一〇〇五）、ごくふつうに生涯を終えている。延喜《えんぎ》二十一年（九二一）の生まれであるから、享年は八十五。当時としては、かなりの高齢だった。

彼の死後、陰陽師の系統は、安倍家（土御門《つちみかど》）と賀茂《かも》家（晴明を教えた家）の二つに分かれて続いていく。もともと暦《こよみ》をつくったり、季節ごとの祭礼や邪気払いをしたりするのが専門だから、そういう技術を代々受け継いでいき、公的ではないがいまでも、形を変えて陰陽道は存在している。

世捨て人歌人は、財力ある高級な遊び人だった

『新古今和歌集』に九十四首という、最多の歌を残している西行《さいぎょう》は、本名を佐藤義清《さとうのりきよ》といい、れっきとした武士だった。平清盛《たいらのきよもり》と同じ元永《げんえい》元年（一一一八）に生まれているが、二十三歳のときに無常を感じ、武士を捨てて出家してしまった。

二十三歳で突然、武士を捨てた西行

西行の父親・康清《やすきよ》は、検非違使《けびいし》――いまでいう、警察庁のお役人だった。その子の義清は、鳥羽院《とばいん》の北面の武士として、容姿端麗、弓馬術にすぐれ、蹴鞠《けまり》の名手。しかも詩文ができ、和歌ができ、弦楽、舞踊、なんでもやれたというので、朝廷では花形として注目を集めていたようだ。

ところが、平安時代の当時、すでに実力と官位が比例しなくなっていた。父親が早くに死んだため、賄賂《わいろ》はびこる平安京では、せっせと贈り物でもして官位を買わないかぎり、有力者の伝手《つて》のない者は、出世がおぼつかなかった。そのために、佐藤家はかなりお金を使ったようだ。

たとえば、絹一万疋で兵衛尉《ひょうえのじょう》（京中の守備・巡視、行啓にお供する役人）を買ったり、千疋で舎人《とねり》

（下級官人）という役を買ったりしている。絹一万疋といえば、かなりの金額になる。それだけのものを出せたのは、佐藤家が紀州（現・和歌山県）に田中荘という荘園を持っていて、わりとお金持ちだったからだ。

だから、本人はそのことを気にする必要はなく、好きなように学問もし、武術もやって、そのままいけばよかったのだが、二十三歳のとき突然、武士を捨ててしまう。保延《ほうえん》六年（一一四〇）のことだった。彼がなぜ、武士を捨てたのかについては、身分違いの恋に破れたとか、天皇が引責したから自分もそれに殉《じゅん》じたとか、いまだに諸説あって定まっていない。

惜しむとて惜しまれぬべきこの世かは　身を捨ててこそ身をも助けめ

この歌とともに鳥羽院にいとま乞《ご》いをし、出家して、名を西行と改めた。

実像はいたって高級な遊び人？

西行はそれからも非常にいい暮らしぶりで、洛外の嵯峨《さが》に自分の庵《いおり》を建てたり、奥州平泉まで藤原《ふじわらの》秀衡《ひでひら》に会いにいったり、高野山に庵を結んだり、あちこちで気ままな生活をしながら歌を詠んでいる。のちに良寛《りょうかん》が憧れたのもわかるが、良寛が勘違いしていたのは、西行は出家はしたけれども、自分の財力は捨てていなかったということである。財力はそのまま保持し、それを家族が管理してくれていたので、自分は遊びながら、なに不自由のない生活をすることができたのである。

一説には、妻と男子一人、女子二人がいたともいわれている。もちろん、托鉢《たくはつ》などいっさいしていない。いたって高級な遊び人である。ただ、歌を詠むことが仏法における功徳になるし、自分は戒律に縛られないで、そういうことをしていたいという、ユニークな考え方を持った人でもあった。

願わくは花の下にて春死なん　その如月《きさらぎ》の望月《もちづき》のころ

先にも挙げたが、これは、『山家集《さんかしゅう》』に出てくる、六十二、三歳のころに西行が詠んだ歌である。花が美しい如月の望月のころ、つまり、旧暦二月の満月のころで、これはちょうどお釈迦様の命日に相当する。そのころに自分は、この世を去りたいというわけだが、西行は十年後の文治《ぶんじ》六年（一一九〇）、望みどおりに死んでいる。享年七十三。

今日のわれわれからみても、とくにこれから第二の人生を迎える世代にとっても、じつにうらやましくなるような生き方をした人ではないかと思う。

その意味では、西行はこれから先、ブームになるのではないだろうか。

家族がいて、仕事がありながら、それを捨てて、魂の救いを求めながら違う世界に旅する。世を捨てるといっても、全部ではなく、半分だけ捨てるのだ。

しかも、いまの人は昔の人と違って、汚い格好をするのは好まないから、その点でもそれなりに、ちゃんとした服装で全国をまわった西行の生き方は、世捨て人の理想みたいなところがあるのかもしれない。

中国で落ち目の密教を日本で最大宗派にしたエリート僧

平安時代の正式の僧というのは、官の許可をもらった坊さんのことで、許可を得ておらず、自分で勝手に坊主の格好をしている人のことを「私度僧《しどそう》」といった。

空海《くうかい》は唐に渡るまでは、じつはこの私度僧だったのである。

「気がついたら私度僧」が、本物の僧侶になるまで

宝亀《ほうき》五年（七七四）、空海は四国の讃岐《さぬき》（現在の香川県）の渡来系の名門、佐伯《さえき》家に生まれた。十五歳のとき、国の官僚になるために上京し、十八歳で大学寮に入学する。

当時の大学寮は明法《みょうぼう》（法学）、算《さん》（理数系）、明経《みょうぎょう》（儒学）、文章《もんじょう》（漢文学）の四道に分かれていた。彼はそのコースの中で、明経を専攻している。

頭がよく、学業をひたすらやっていれば、国家官僚として成功したはずだが、途中で、いろいろな疑問を抱いてしまう。人間というのはなぜ、生まれてきたのか、なぜ、死ぬのか、そもそも人間とはなんなのか……。

そういうことを考えれば考えるほど、授業を受けているのがばからしくなってきて、勝手に退学してしまった。

そして、野山に分け入り、放浪しながら、人間について考え抜き、気がついたら、私度僧の格好をしていた、というのである。

頭はいいし、家柄もいいから、有力な寺に経典を借りにいったり、教えを請《こ》うたりすることができた。しかし、それでも、みずからの疑問に対する答えは出てこない。

当時の仏教は、南都（奈良）の六宗とか八教とかいわれたが、法相宗《ほっそうしゅう》にしろ、華厳宗《けごんしゅう》にしろ、ことごとくが哲学理論で、いまいち納得がいかない。

そうしているうちに、密教というものがあって、それこそが自分が探ろうとしているものではないか、と思いいたる。

そこで、あちこちから密教らしきものを、訪ねては集めてみるのだが、それらはいわゆる雑密《ぞうみつ》（密教の破片）といわれるもので、それでいくら勉強したところで意味がわからない。やはり、唐に渡って正統を学ばなければだめだ、ということがわかってくる。

さすがに、頭の回転は早い。あわただしく得度《とくど》し、試験を受けて官僧の資格を得た。そして延暦《えんりゃく》二十三年（八〇四）、年期二十年の留学僧《るがくそう》として、唐に渡ることになったのである。

わずか二年で密教の正統継承者になった理由

留学期間は二十年の予定だったが、当人は最初から二十年もやる気はなかったようで、それというのも、空海はこのときすでに三十一歳で、そこから二十年間では、生きて帰れない可能性もあったからだ。

それでなくとも、生命《いのち》がけである。空海が乗船した遣唐使船は、四艘《そう》で出航したのだが、当時の技術は稚拙《ちせつ》で、無事に目的地にたどり着いたのは二艘だけ。それでも、彼は運よく長安の都に入ることができた。

空海という人は、いかにも英雄らしく、絶妙のタイミングに恵まれていたようだ。

彼が加わった遣唐使は、二十五年ぶりに派遣されたもので、しかも、その次の承和《じょうわ》五年（八三八）が最後の遣唐使になっている。

これを逃していたら、官費での留学はありえなかったことになる。

また、最初の予定どおり、現地で二十年の年期をつとめていたら、空海は帰国後十一年ほどで死んだことになり、そうすれば、日本に高野山の真言宗《しんごんしゅう》は存在しなかった可能性が大きい。

このへんから見ても、空海は最初から企んで、さっさと帰ってくるつもりだったのではないか、と思われる。事実、彼の在唐期間はわずか二年だった。

しかも都合よく、唐の皇帝が交代して、日本から挨拶《あいさつ》のために使者がやってきた。その船が帰国するときに、ちゃっかりと便乗させてもらって、帰ってきているのである。

当時、唐に恵果《けいか》という密教の最高権威者、伝承者がいた。空海はおそらく日本を出る前から、そこに入門することを考えていたようだが、言葉がわからない。

そこで最初にサンスクリット語を習い、三カ月後に恵果のもとに入門している。

そのとき恵果には、門人が千人しかいなかったというから、唐ではすでに密教は古くなっていて、学ぶ人間がそれほどいなかったのだろう。これも、空海にはさいわいした。

恵果が彼の千人の門人の中で、最後の最後に、その秘伝を伝授したのが空海だった。その意味では空海が、ほんとうの意味での密教の正統継承者なのである。

外国人が、その国の伝統的な宗派のトップになって帰ってきた――これはすごいことである。

そして、その二年足らずのあいだに、彼はほとんどの経典を写経し、仏像や仏具からロウソクまで、ありとあらゆるものを買い込んでいる。

その資金は、官費のほか、実家や親戚からもらってきた二十年間分の生活費であった。

密教の本流・空海と、亜流の最澄《さいちょう》

のちに比叡山に天台宗《てんだいしゅう》を開く最澄も、同じときに唐に渡っていたが、こちらは最初から短期滞在の還学生《げんがくしょう》（短期留学生）で、国に選ばれてきているから、留学僧とは身分が違うし、密教の勉強にきていたわけでもない。彼は、空海より一年早く帰国している。

最澄にとって意外だったのは、帰ってきたら日本中が密教ブームになっていたこと。

彼がもたらした天台宗も密教系ではあるが、密教の本流ではなく、むしろ亜流のそのまた亜流にすぎなかった。

帰国したらみんなが、「これからは密教だ、密教だ」と騒いでいるため、最澄は密教を勉強してこなかったことを悔やんでいる。

しかし、持ち帰った荷を開けたら、少しばかりの密教の原典も入っていた。そこで、「天台宗も密教である」と言って、風呂敷を広げた。

空海はその一年後に帰国するわけだが、彼がずるいのは、密教に関しては自分こそ最高の権威者であるにもかかわらず、最澄のやることを黙って見ていたことだ。

いちばん密教をわかっているのに、天台宗は正統ではない、とは言わないで、傍観し続けた。

そのうちに、最澄は南都の仏教宗派に喧嘩《けんか》をふっかける。

「あなたたちのやっているのは、仏教じゃない」

最澄は学識豊かな人だから、理屈の上では、南都のほうが追い詰められた。

南都の宗派は小乗仏教、最澄の説くのは大乗仏教である。南都の僧侶たちが追い詰められ、逃げ場がなくなったときに、空海がチラチラと姿を見せはじめる。そして、つぶやいた。

「いや、南都仏教にもいいところがあるんですよ」

最澄にかなうのは空海だけだから、彼の言葉に南都仏教は大喜びし、空海のファンになる。

平安時代初期にはまだ、元興寺《がんごうじ》や興福寺《こうふくじ》などの奈良の寺院は、強大な力をもっていた。その南都の後押しによって、空海の官位はあがり、出世していく。

最澄も、空海の密教が本物だとわかっているから、空海の前では下手《したて》に出ざるをえない。最澄のほうが年齢は上だが、密教関係の経典をほとんど持っていない。それを空海のところに借りにいったりしている。

空海も最初は貸していたが、あるとき、「もう貸さない」と言い出して、最澄と絶交した。そのときの書簡も残っていて、「密教は文章修行ではなく、実践がともなわなければ意味がない」などと言っているが、最初から最澄をつぶすつもりだから、空海のやることがすごい。最澄の一番弟子・泰範《たいはん》を自分の後継者として引っ張り込んでしまうのである。

結局、最澄はかわいそうなもので、それから十年間、「密教がわからぬ」と言いながら真剣に悩み、苦しみながら死んでいく。

空海が東寺を拝領するのは、最澄の死の翌年である。ここを真言密教の道場とした彼は、堂々の宣言をする。

「自分の密教は完成した。これからは私の言ったとおりにやれ」

ところが皮肉なことに、完成してしまった高野山の真言宗と、未完成のまま最澄を失った比叡山の天台宗では、のちにどちらが多くの宗派を生んだかというと、じつは天台宗なのである。真言宗には空海以来、斬新な宗派は思うほどに出ていない。

それは当然で、真言宗は完成してしまっているのだから、だれも空海を超えられない。最澄のほうは、「わからぬ、わからぬ」と言って死んでいったから、それをなんとか補塡《ほてん》しようとして、のちの世の門人たちが頑張ったのである。

平安末期から次の鎌倉時代にかけて、現在の日本につながる仏教の宗派がいっせいに花開くことになるが、その鎌倉仏教といわれているものはことごとく、天台宗から出たものである。

法然《ほうねん》、親鸞《しんらん》、日蓮《にちれん》から道元《どうげん》、栄西《えいさい》にしても、最初はみな比叡山で修行をした人たちであった。

弘法大師《こうぼうだいし》（空海）は頼まれて動くのが好きな人

空海という人は、じつに演出のうまい人だった。

二十年分の留学費用を、二年足らずで使いきって書籍や法具などを買い込み、いつでも帰れる態勢で、日本からの船が来るのを待っていた。帰国後、早く帰りすぎたことが問題になるが、彼は明らかに確信犯だったと思う。

そして、四十三歳のときに高野山をもらって、「大日如来《だいにちにょらい》」という宇宙の原理を仏の姿につくりあげて、やがて国家を動かしていく。

空海に密教をさずけた恵果は、そのあとすぐに死んだため、中国にはもはや密教の継承者は存在しなかったし、密教のかたちも残っていない。

天台宗の一派の人たちがあとになって、最澄の未完部分を埋めるために中国へ渡っているが、新しい宗教の考え方は出てきていても、結局、密教そのものは手に入らなかった。道元や栄西が宋に渡って持ち帰ったのは禅宗《ぜんしゅう》である。

その付属物として、栄西がもたらしたのがお茶、喫茶。中国では僧侶が、滋養強壮のためにお茶を飲む習慣があって、それが日本に持ち込まれ、のちに茶の湯、茶道として発展する。

空海＝弘法大師にまつわる伝説は、日本全国に残っているが、各地に寺をつくるとか、あるいは相談事があったら出かけていくとか、実際にもかなり空海は国内を歩いているようだ。

とにかく彼は、頼まれて動くのが好きな人で、頼まれるまでは決して動かず、じっとしている。たとえば、農民が自分たちで灌漑《かんがい》用の池をつくっても、干上がってしまって水がうまくたまらない。困りはてて、「空海さん、なんとかしてください」と頼まれると、表面では「しかたがないなあ」という顔をしながら、内心は喜びいさんで現地に赴き、こうやればいいのだ、と教えてやる。すると、いやでも、その名声はあがった。

それに対して、天台宗は真言宗と並び天下に広まったが、最澄がなにかをしたとの伝説は、ほとんど伝わっていない。このあたり、空海の宣伝のうまさがうかがえた。

第二幕
ときは信長・秀吉・家康の時代

英雄は酒を好むか、色を好むか？

「英雄、色を好む」という言い方がある。

その出典は、歌舞伎の『千歳曽我源氏礎《せんざいそがげんじのいしずえ》』。その中に、「色、豪傑や英雄を好む」という台詞《せりふ》があって、これが最初ではないかと思われる。

ここで問題にしたいのは、「英雄、色を好む」というのは、歴史的に見て、はたしてほんとうかどうか、ということである。

味つけが薄くて信長に殺されそうになった料理人

そこで歴史的人物を改めて見てみると、どうも逆で、「英雄、食と健康を好む」と言いなおしたほうが、実際には近いのではないか、と思われる人物は少なくない。

たとえば、「はじめに」でもふれた三英傑といわれる織田信長《おだのぶなが》、豊臣秀吉《とよとみひでよし》、徳川家康《とくがわいえやす》を見ても、彼らは女性に対してあまり強い意識を持っていない。「英雄、酒を好む」という言い方もされるが、それについても、この三人はあまり飲まなかったようだ。

食べ物については、信長は濃い味の料理が好きで、湯漬けの飯を食ったり、果物をかじったりしていたことが伝わっている。とくに濃い味の料理を好んで食べたというのは有名だが、あちこち走りまわっていたので、どうしても塩分が不足しがちだったからだろう。

室町幕府の御雇い料理人に、坪内石斎《つぼうちせきさい》という人物がいた。室町時代の料理人は、魚や鳥を料理する「包丁人」と、精進料理をつくる「仕出人」に分かれていて、坪内石斎は典型的な包丁人だった。

織田信長が上洛したとき、捕まえられて牢屋に放り込まれた。それに気がついた織田家の家臣が、主君信長に、

「殿に室町幕府最高の料理を召し上がっていただきたいので、あの男を許してやってはいただけないでしょうか」

と申し出る。すると信長は、

「わしが食べて、おいしければ許す」

と返答した。

石斎は鳥でも魚でもなんでも料理でき、室町幕府最高の料理に精通していた。鶴《つる》や鯉《こい》も料理したというが、これらは殺したときに血を止めるのがむずかしい。それに関する秘伝のようなものもあったが、そうした技術にも精通した人であったようだ。

そこで彼は生命《いのち》がけで、最高の出来ばえの料理をつくり、信長のところに持っていかせた。

ところが信長は、一口食すなり、

「まずい、殺せ」

それを伝え聞いた石斎は、

「わかりました。もう一度だけやらせてください。次もまずい、と言われたら、私は殺されても納得します」

もう一度つくりなおすことを許された石斎は、二度目の料理を出した。すると、

「うまい。こんなにうまいものは、食ったことがない」

と信長は言った。それを聞いて石斎は、にやっと笑う。

じつは彼が渾身《こんしん》の力をこめてつくったのは、最初のほうだった。本来の室町幕府の料理は、素材の味を生かすため、味つけは最小限にとどめていた。ところが、それがだめだということは、信長が田舎者ゆえ、濃い味が好きなのだろう、と石斎は読んだ。そのようにつくったところ、案の定、喜んだということで、信長をバカにして笑ったのである。

当時の調味料は、基本的に塩と味噌と酢。信長はとくに塩味が好きだった。それで結局、石斎は認められ、信長の料理人として残ることになったのだが、あとになって信長は、石斎から笑われていたことを聞かされたが、次のように答えている。

「料理人というのは、主人の舌を喜ばせてこそ料理人ではないか」

石斎はそれができたのだから、何を言おうが問題はないとして許した。

『三国志』の諸葛孔明《しょかつこうめい》に関する記録では、塩分摂取を抑えると、気力が失せ、覇気《はき》がなくなるということで、捕虜を虐待しないで治めやすくするためには、与える食事の塩分を減らせばよい、とあった。

こういうことは、すでに三国志の時代から理解されていたようだ。

酒はみな嗜《たしな》む程度だった

では、酒はどうだったか。

信長はあまり、酒を飲まなかった。どうやら、飲むとすぐ顔に出たらしい。

この当時、まだどぶろくの時代で、清酒はなかった。かりに一升飲めたとしても、アルコール度数はそれほどたいしたことはない。それでも、顔に出てしまう。

同じように秀吉も、あまり酒が強くはなかったが、彼は宴席で騒ぐのが好きだった。

三人の中で、もっとも酒を酒らしく飲んだのは家康だったが、四十歳のときに背中にできものができ、どうも酒を飲みすぎたせいらしい、といわれてから、みずから酒量を少なくしたとの記録が残っている。

三英傑の意外な女性の好み

「色」、つまり女性の件だが、信長には生駒《いこま》の方《かた》（吉乃《きつの》）という側室がいて、男二人、女一人をもうけている。記録によれば、信長は彼女が死んだおりに涙したとあるから、多少の愛情は抱いていたかもしれない。しかし、ほかの女性については、ほとんど道具扱いである。

子どもにも、「なべ」とか、三月七日に生まれたから「三七丸」とか、じつにいいかげんな名前のつけ方をしている。

秀吉は後にまわして、家康は、女性というのはご飯みたいなもので、食べすぎてはいけない、と述べている。ようするに、健康にいいことが大事で、励みすぎてはいけない、というのだ。

当時は、家康が食べていたご飯も、米と麦が半々ぐらいだった。農民なら麦が七、八割、米が二、三割ぐらい。

戦国時代の武将の中では、家康は健康管理ということをもっともよく知っていた人物で、まだ予防医学という概念がない時代に、それを心がけていた形跡がある。家康には、専属の医師団がついていた。しかし、彼はその医師団のだれよりも医学に通じていたといわれている。

皮肉なことに家康は、自分があまりにも詳しい知識を持ちすぎたために、医師を軽くみて、自分で診断をくだし、薬を調合して服用。その結果、死んでしまったのではないか、との説もある。

また、家康は鷹《たか》狩りを好み、よく出かけたが、獲物がさっぱりでも、最初に決めたとおりに行動し、定められたとおりの時間に帰ってきた。これは現代のゴルフ同様、健康にとっては歩くことが大切だとわかっていたようだ。朝起きて、鉄砲を何発か空撃ちし、刀を何百回か振りまわして……など、そういうことを細かく決めて、規則正しく自己管理のできた生活をしていた。

それというのも、「自分が長生きすることが、徳川のためになる」との強固な信念をもっていたからである。肖像画で見るかぎり、信長も秀吉も肥満してはいないが、家康はかなり太りぎみの感じである。これは、三十代から四十代に信長のもとで働きすぎたことによる過労が原因だと思われる。家康がグルメだったという記録はなく、むしろ、食事に対する欲はなかったようだ。

最後にまわした秀吉は、女と入浴と灸《きゅう》が好きで、たとえば有馬温泉など、各地の温泉にもけっこう入っている。そして、そのようなときには、必ず女性を同伴していた。だから、三人の中でもっとも女性が好きだったのは秀吉であろう。

ただし秀吉は、女性が好きというより、憧れのタイプが定まっていたようだ。とくに身分の高い女性に対する憧れが強かった。だから、自分より身分の低い女性は、一度も相手にしていない。

そこで、次のような問題も起こってくる。

当時の身分の高い女性は、体が弱い。体の弱い人は、子どもができにくい。それで、多くの側室を抱えながら、彼には実子が生涯に三人しかできなかった。しかも、最初の石松丸も、次の鶴松も幼くして死んでいる。

ちなみに信長や家康には、じつに多くの子がいた。

家康は女性に対して、特徴的な傾向があった。

当時、「琉球かぶれ」と称した梅毒が、日本にも入ってきた。家康はそれが遊女など不特定多数の男性を相手にする女性から、感染すると思っていたふしがあり、生涯、遊女《あそびめ》を側室にしなかった。

しかも、家康の側室には、一度結婚したが夫に死なれたような女性が多かった。それが「安全」だと思っていたのだろう。もとの家臣の妻や娘などが多かったが、それは、その女性が健康であることがわかり、気心も知れていたからだろう。

酒や色より、「健康」重視の家康

信長が本能寺《ほんのうじ》の変《へん》で死んだのは四十九歳のときだが、これはもちろん病気ではない。秀吉は六十二歳、家康は七十五歳まで生きている。家康が秀吉以上に医学の知識に卓越していなければ、これほど長生きはできなかったかもしれない。

徳川の歴代十五人の、将軍の平均寿命は五十一・四歳で、最高は十五代将軍・慶喜《よしのぶ》の七十七歳。この最後の将軍も、健康管理にはこだわりをもっていた人で、飯盒《はんごう》でご飯を炊いてみたり、新鮮な野菜を多くとり、豚肉を食べたりもしている。

一般には動物の肉がほとんど食べられていないころに、慶喜はそれを好んで食べたため、「ブタイチさま」とあだ名されてしまった。将軍家の家族たる〝御三卿《ごさんきょう》〟の一《いっ》・一橋《ひとつばし》家を相続していたことから、「豚肉がお好きな一橋様」という意味で陰口を叩かれもした。

信長は新しいものが好きで、瓜《うり》でもなんでも、南蛮渡来《なんばんとらい》の新しいもの、珍しいものがあれば、真っ先に食べている。

ところが家康は、得体の知れないものは安易に食べてはいけない、と考えるほうだった。また、いつもおいしいものばかり食べていると、おいしいということがわからなくなるからよくない、そういうものは月に一、二度食べればいい、とも述べている。

だから、舶来《はくらい》の到来物をもらっても、家康は手をつけようとはしなかった。タバコとか洋菓子もすでに入っていたが、そういうのもできるだけ口にしなかったし、家臣にもそう言っていた。


家康は基本的にケチで、有名な話が残っている。

大御所になって駿府城《すんぷじょう》に隠居したころのことだから、晩年の話だ。お城で出る食事の沢庵漬《たくあんづ》けがあまりにまずいというので、家臣たちから苦情が出た。

自分で食べても、なるほど、まずいと思う。そこで家康は、台所方の役人を呼んで問いただすと、こんな返事が戻ってきた。

「おいしくつくれば、食が進みますが、それでもよろしゅうございますか」

すると家康は、即座に言った。

「いまのままでよい」

香《こう》の物がおいしいと、それだけで食が進み、米をよけいに消費することになる。それはもったいない、というわけだ。

能の第一人者は誰？『花伝書《かでんしょ》』が書かれた背景

「初心忘るべからず」

世阿弥《ぜあみ》の言葉として有名で、『花鏡《かきょう》』に出てくるものだが、この意味を誤解している人が少なくない。

通常、「習いはじめたときの、謙虚な気持ちを忘れるな。最初に思い立った一念を、失ってはいけない」と解釈されているが、より現実的に言うと、「芸の未熟さをつねに自覚せよ。忘れたら初心に返れ」、となった。

つまり、初心者の未熟さをいつも自覚していなければいけない、ということで、ややニュアンスが違う。

世阿弥ができた「離見《りけん》」とは？

『花鏡』には、「その理をよくよくわきまえよ」など、いくつか勉強になることが書いてあるが、「初心忘るべからず」だけがひとり歩きして、ほかの話があまり伝わっていない。

――「離見」と「我見《がけん》」という言葉もある。

通常は、舞を舞っている人間は、自分の背中を見ることができない。ところが、世阿弥にはそれができる、というのである。

「離見」とは、演者自身の目を離れた他者の直観のこと。それを自分自身で見ることを「離見の見」といい、能役者の心得として大事だ、と説いたのだが、では、それをどうやって認識するのか。

自分が舞っている姿を見ている、観客から返ってくる反応を感じ取って、たとえば自分の背中がどういうふうに評価されているか、を認識するというのだ。

一方、自分の舞に慢心し、これでいいんだ、わからんやつはどうでもいい、というような舞い方をすると、それが反射してこない。これを「我見」という。

江戸幕府三代将軍・徳川家光《とくがわいえみつ》が、ある日、能会を催すことになり、柳生但馬守宗矩《やぎゅうたじまのかみむねのり》を呼んで、次のようなことを言った。

「今日は世阿弥の子孫が舞う。もしすきがあったら、あとで言え。たぶん、わしはないと思うが」

舞がはじまり、名人といわれた世阿弥の末裔《まつえい》は、見事に一曲を舞い終え、柱の陰でほっと一息つく。

彼は柳生但馬守のことは知らなかったようだが、鋭い目でじっと見られているという意識はもっていたため、いっときも気をゆるめることができなかった。

そこで柱の陰に隠れた瞬間に、ふっと一息ついてしまったのだが……。

汗びっしょりで舞台裏に戻ったあと、付き人にその人物のことを聞くと、

「あれは大目付で、柳生新陰流《しんかげりゅう》の達人、柳生但馬守様です」

という。その話を聞いて、

「それで納得した」

名人ははじめて、安堵《あんど》した。一方、能会が終わったあと、家光は但馬守を呼んで、

「斬れそうなところがあったか」

と聞く。そのとき、但馬守はこう答えている。

「柱の陰であるいは、と思う瞬間がありましたが、それ以外は皆目、ありませんでした」

一つは、宗矩がそれを見抜いたこと、世阿弥の子孫はそれをさらに見抜いたということで、まさに二人の達人の「離見の見」のぶつかり合い、といったところだった。

能楽における足利義満《あしかがよしみつ》の功績

ただ、この理論を述べた世阿弥は、存命中、能の第一人者ではなく、上に増阿弥《ぞうあみ》という名人がいた。

ところで、名前に「阿弥」をつけるのは、念仏の「南無阿弥陀仏《なむあみだぶつ》」からとったもので、時宗《じしゅう》の法名である。

能がそれまでの地方の舞、余興から中央の芸術になれた最大の理由は、守護の佐々木道誉《ささきどうよ》が保護し、さらに室町幕府三代将軍の足利義満《あしかがよしみつ》が庇護したことによる。しかし、その次の将軍義持《よしもち》がとりわけ贔《ひい》

屓《き》にしたのは、世阿弥ではなく、世阿弥の子どもでもなく、増阿弥だった。

そこで、世阿弥はなんとか義持の保護を受けようと頑張るが、なかなかそうはならなかった。

世阿弥が残した『花伝書（風姿花伝《ふうしかでん》）』は、もう一度、自分たちが中央に返り咲くためにはどうあるべきか、ということを苦悩しながら考え、書いた本で、真っ向から芸術論を述べたわけではない。この点も、誤解されているところである。

能は、もとは社寺の祭礼に奉仕する猿楽《さるがく》に、民間に発展した田楽《でんがく》という田畑の豊穣を祈る踊りを取り入れたもの。

能にも流派がいろいろあって、当時は金春《こんぱる》、宝生《ほうしよう》、金剛《こんごう》、観世《かんぜ》という大和四座《やまとしざ》があった。「○○阿弥」というのは、観世流の流れである。

足利将軍家が後見し、みずからも演じたことによって、能は武家の最高のたしなみと考えられるようになり、以降、大名が必ず稽古《けいこ》するようになった。

考えようによっては、それまで田舎で農民がやっていた踊りを、そこまで引き上げたわけだから、能楽における足利義満の功績はことのほか大きいといわねばならない。

織田信長がやっていたのは能ではなく謡《うたい》で、能の歌のある部分だけを取り出したもの。それも、かなりオリジナルで踊っていたようだ。信長の謡の先生は町家の人間だから、本格的な能楽師に習っていなかったかもしれない。

信長・秀吉・家康に囲碁《いご》で戦略を教えた初代本因坊《ほんいんぼう》

囲碁は古代中国でつくられたもので、『論語』にも登場する。

もともとは占星術、天文や易《えき》に関係したもので、唐の時代に現在の原型ができあがったといわれている。

碁盤《ごばん》の盤面は天地を、白黒の石は陰陽をあらわしていた。

囲碁はどうやって日本に普及していったか

日本へは、遣唐使によって持ち込まれたとされている。

奈良の朝廷では貴族の嗜《たしな》み事《ごと》として行われ、それがくずれたかたちで庶民のあいだに広がり、賭け事としてさかんになっていった。

もっとも早い記録では、持統《じとう》天皇の持統三年（六八九）、双六《すごろく》とともに、禁止令が出ている。それだけ、賭け事としてさかんだったということであろう。

延喜《えんぎ》四年（九〇四）には、「碁聖《ごせい》」という言葉がすでにできていたことから、平安時代にはかなり

普及していたようだ。

囲碁が日本独自の発展を遂げるのは、織田信長《おだのぶなが》の時代である。信長自身、囲碁を好んでやっていた。

囲碁の世界でよくいわれるものに、信長が本能寺《ほんのうじ》で殺されたのは、明智光秀《あけちみつひで》との碁の対局のときに、信長がイカサマをやったため、その恨みを買ったからだ、というのがある。

信長は囲碁がへたで、何度やっても光秀に勝てない。四子局でやっても、刃が立たない。

そこで信長は、碁の天才といわれた日蓮宗の僧・日海《にっかい》に頼んで、そばで見ていてもらった。

そして、日海に自分が不利な手を使いそうになったら内緒で合図をしてもらうということまでやって、やっと光秀に勝つことができた。

一方の光秀は、日海が同席しているときは必ず主君信長に負けることから、このカラクリに気づき、頭にきて謀叛《むほん》を起こして、信長を殺してしまった……というのである。

もちろん、この話を信じている者はだれもいないが、ここに登場する日海は実在の人物である。信長、秀吉、家康の三人に碁を教えた人で、本能寺の変のときには、信長と碁をやっていたかどうかはわからないが、実際にその場に居合わせて、深夜に脱出したという記録が残っている。

当時、戦国武将たちのあいだで、碁は非常に普及しており、信長は千利休《せんのりきゅう》の茶の湯と同様に、日海をかわいがっていた。

囲碁には、戦略兵法のアイディアと相通ずるところがあった。

「囲碁さえできれば、武将として戦略・戦術で食えますよ」

とかなんとか、日海の口車《くちぐるま》に乗せられて、信長ばかりでなく、秀吉も家康も彼の弟子になって囲碁を学んでいる。

家康は天下をとったあと、日海に五十石、五人扶持《ぶち》を支給し、別途、終身三百石を支給して、旗本として遇している。

その後、日海は隠居して、本因坊算砂《さんさ》と名前を変えた。

戦国武将も囲碁に殺到

茶の湯が発達した最大の理由は、だれでもできるという点であったろう。

作法を覚えればいいだけで、特別の修行も、熟練した腕前も必要ない。

ところが、囲碁は勝負事だから、黙って座って、お茶をすすり、茶碗をほめるだけでよし、とはいかない。

そこで戦国武将たちは、茶の湯だけではなく、戦略家としての腕前＝教養を見せたいがために、みんなして碁に殺到したのではないだろうか。

たとえば、本因坊算砂はこんなことを言っている。

「兵は機なり、権なり、権威は策謀にあらず。道に従って変じ、勢いに応じて通ずるものである」

兵法としても、じつにうまいこと言っている。

そのあたりで、武将たちをうならせたに違いない。

歴代権力者に寵愛《ちょうあい》された本因坊算砂は、元和《げんな》九年（一六二三）、六十六歳でこの世を去っている。

体に傷一つない最初の剣豪

小説や講談、漫画などで、剣聖・剣豪の中でもとりわけ有名なのが、塚原卜伝《つかはらぼくでん》であろう。

ところが、伝説やらエピソードがたくさん残っているわりには、その正体はあまり知られていない。

もちろん、間違いなく実在した人物であるし、宮本武蔵《みやもとむさし》が生涯、憧れていたのが、この大先輩の塚原卜伝であった。

「一の太刀《ひとつたち》」で相手を倒す塚原卜伝の策略

塚原卜伝は、延徳《えんとく》元年（一四八九）、常陸国《ひたちのくに》（現・茨城県）鹿島に生まれている。

生涯をよく見ていくと、なるほど、宮本武蔵と似ているところが多々ある。とくに勝つためには手段を選ばなかったという、ある種のずるさをもっていたところは、二人に共通していた。

たとえば、ある兵法家から勝負を挑まれたときのことだ。

その相手は、左太刀の片手斬りが得意だといわれていた。そこで、卜伝は事前に次のようなことを、わざと吹聴《ふいちょう》する。

「片手斬りは卑怯《ひきょう》だな。やるからには、片手斬りなんてなしにして、勝負を挑んでほしいものだ」

そういうことを、十回以上も繰り返し述べている。

当然のことのように、この情報を耳にした相手は、「卜伝はおれを恐れている。片手斬りにしたら勝てるな」と考えてしまう。

じつは、これは相手に片手斬りをさせるために採った卜伝の策略で、相手の出方がわかれば、その対応策を考えればいい。実際、卜伝はこの相手を一刀のもとに叩き斬っている。そういう仕掛けを平然とやってのけるのが、卜伝という人物であった。

卜伝には、二《ふたつ》の太刀がない。ほとんど一の太刀で、相手を倒している。

卜伝の流儀の中に、「一の太刀」というのがあるが、その技法は現在、宗家《そうけ》にも伝わっていないが、宗家は次のような解釈をした。

「もし失敗すれば、心新たに再び一の太刀を抜けばよい」

ようするに、二の太刀のことを考えないで、正々堂々の一太刀を決めろ、ということ。いわば一刀両断、必殺の太刀のことをいったのではないか、と思われるが、この術を卜伝は三十四歳のときに開発している。

「当たり前のことができなければいけない」

卜伝には、おもしろいエピソードがたくさん残っている。

薙刀《なぎなた》の達人・梶原長門《かじわらながと》と、真剣勝負をすることになったときのことだ。卜伝の太刀は実戦的に短くできていたので、それが柄の長い薙刀と立ち合うことに、弟子たちは心配になった。

「いつもより、長い太刀を使ったほうがいいのではありませぬか」

そのときに、卜伝が言った言葉は、

「そんな必要はない。薙刀は柄は長いが、刃は短い。三尺の太刀ですら、思うように人は斬れないのに、そんな短い刃で人が斬れるわけがない」

梶原の薙刀の刃渡りは一尺五寸、つまり、四、五十センチほどである。

言ったとおり、これも卜伝は一刀両断で始末している。

次は、養子三人の中から後継者を選んだときのエピソードである。

鴨居に枕を挟んで襖を閉める。襖を開ければ枕が落ちてくるのがわかるように用意して、相手の出方を見たという。

一人目は、まず入口で仕掛けに気づき、その枕をはずしてから、中に入った。

二人目は、落ちてくる枕をかわしながら、刀のさやに手をかけて中に入った。

三人目は、抜く手も見せずに、落ちてきた枕を真っ二つに叩き斬った。

剣の腕前からしたら、いかにも三人目が一番強そうに見えるのだが、卜伝が後継者に選んだのは、枕をはずして静かに入ってきた、最初の養子、彦四郎だった。

兵法とはなにかを物語るエピソードで、卜伝の真意は、ことさら奇抜なことをするのではなく、当たり前のことができなければいけない、という点だったのだろう。

もっとも、これはおかしな話で、最初から枕があることはわかっているのだから、だれだって手ではずして入ってきそうなものである。おそらく、後世の作り話であろう。

卜伝でおもしろいのは、諸国をめぐるとき、馬や鷹《たか》などいろいろなものを引き連れて大行列をやったことだ。そうすれば、遠くからでも、「あれは卜伝さんだ」とわかる。

ＰＲ大作戦、強烈な宣伝になる。そういうことを最初に、理解してやった人でもある。

もっとも有名なエピソードは、宮本武蔵との手合わせだろう。

食事中に斬り込んできた武蔵に対して、卜伝は鍋の蓋で応戦したというのだが、武蔵が生まれたときには、すでに卜伝は十年以上も前に死んでいた。亡霊でも相手にしないかぎり、ありえない話である。卜伝は、八十三歳の高齢でこの世を去っている。

その生涯で、真剣勝負が十九度、戦《いくさ》に臨《のぞ》むこと三十七回、一度も不覚をとらず、体に傷跡が一つもなかったといわれている。

剣豪で体に一つの傷もなかったと明解に述べたのは、新陰流《しんかげりゅう》の上泉信綱《かみいずみのぶつな》と卜伝の二人だけである。

信長に登用された出自不明の室町・安土桃山時代の名通訳

日本語は室町時代まで、ヨーロッパの言語と同様に、男性名詞と女性名詞が分かれており、言葉の用法も、いまとはかなり違っていた。

身分によっても使う言葉が違い、さらに地方によっても、同じ日本語とは思えないほどの相違があった。日常使っている言葉が違う人同士の会話には、「通訳」が必要である。

信長の言葉を唯一理解し、通訳した明智《あけち》光秀《みつひで》

素性のはっきりしない明智光秀が、織田信長に登用され、いきなり大抜擢《だいばってき》されて、幹部クラスの収入を得ることになった理由の一つは、彼には通訳の才があったからではなかったか、と私は考えてきた。

室町時代、幕府で使われた言葉と朝廷で使われた言葉は異なっていた。

まして信長が日常的に使っていた尾張弁や美濃（岐阜）弁は、朝廷ではまったく通用しない。

この時代、信長の周辺で、そうした言葉の違いをすべて理解し、通訳できたのが明智光秀だった。

十七世紀初め、日本に布教活動のためやってきたポルトガルの宣教師たちが、日本語を理解するために編纂《へんさん》した『日葡《にっぽ》辞書』というものが現存している。

これがすべてポルトガル語で書かれているため、室町から安土桃山時代にかけての日本語がどのように発音されていたかがわかる、とても貴重な史料である。

宣教師たちが聞き取った日本語をアルファベットでローマ字風に表記しているので、それをつなげていけば、当時の日本語の会話がかなり再現できた。

たとえば、朝の京都の町を歩いていて、顔見知りの女性から「おはようございます」と声をかけられたとき、当時の日本人男性はどんな返事をしたか――。

「おはよう」と返したのではなく、どうやら「ありがとう」と言ったらしい。

「早よう」というのは、「早く起きましたね」という意味で、相手の早起きをほめている言葉である。それに「お」をつけるのは女性言葉で、男性は絶対「お」は使わなかった。

たとえば銭のことを「おあし」、塩のことを「おいた」、料理のことを「おかず」、ご飯に添える汁のことを「おみおつけ」、冷たい水を「お冷や」などといった言い方をするが、これらはすべて女性言葉で、当時の男性はこういう言い方はしなかった。

あるいは、箸のことを「てもと」、豆類のことを「ほしほし」などと言うのも、当時は女性しか使わない言葉だった。それにさらに「お」をつければ、完全な女性言葉である。

「おみおつけ」など、「み（味噌）」と「つけ（汁）」の両方に「お」がついている。

そういうのを見なおしていくと、室町時代の言語状況は、いまとはかなり変わって見えてくる。

「おはよう」という言葉を室町時代の言葉から探すと、「はや、そうそう」となる。さらに平安時代に戻ると、おそらく「思いはべり」と言ったかと思われる。

「いざ、お昼あれ」と言えば、室町時代では「お昼の用意ができました」という意味ではなくて、「あなた、さあ、お起きください」ということ。

また、「うまい」という言葉を、女性はけっして使わなかった。

「うまい」・というのは男性言葉で、女性は「いしい」と言った。

これにさらに「お」をつける。だから、いまの「おいしい」という言葉は、もともとは女性言葉だったのである。

これらが江戸時代になって食卓を囲むようになり、混ざってしまい、女性言葉を男もふつうに使うようになって、現在にいたっている。

平安時代までさかのぼるとよくわからなくなるが、少なくとも室町時代には、言葉がまったく違っていたということは明らかである。

しかも、それらはあくまでも京言葉で、さらに地方の言葉となると、ますますわからなくなる。

これは言語学でよく言われることだが、「京へ、筑紫《つくし》に、板東《ばんどう》さ」という言葉がある。

たとえば、「どこどこへ行く」というのは京都弁。

「どこどこに行く」というのは九州弁。

そして「どこどこさ行く」というのは東国（関東）。

このように、助詞の使い方も、当時は地方によって違っていた。

だから、当時、こういった差異をすべて理解できる人がいたら、いまでいう「五カ国語ペラペラ」みたいなもので、それだけで食べていけたであろう。そして明智光秀は、それができた数少ないエキスパートだったわけだ。

語学の才能で戦国武将の仲間入り

この人物のことをいくら調べてみても、世に出る前の光秀のことを、明解に語った史料は存在しない。死後百年ごろ、江戸時代に書かれた『明智《あけち》軍記《ぐんき》』以上のものが見当たらないのだ。

『明智軍記』はいまでいえば、歴史小説。裏付けが皆目得られない。

詳しい出自がわからないという意味では、豊臣秀吉《とよとみひでよし》と大差はなかった。したがって、光秀の生年は不明。

土岐《とき》氏（主に美濃国《みののくに》〈現・岐阜県南部〉を中心に栄えた武家）とは縁があったらしいが、美濃国内の明智城とは関係がなかった。明智城を光秀の出生地とする説は、のちの付会《ふかい》（こじつけ）であろう。いまの研究では、室町幕府の中に「明智」という姓が出てくるので、早い時期から光秀は、足軽衆《あしがるしゅう》の中にいたのではないか、と推察されている。

そして、足軽衆の中にいたとすれば、室町幕府の言葉も、美濃の言葉も理解できる。その特性を活かし、信長のもとで使われたとすれば、通訳をやらされたのではないかと考えられるわけだ。

いきなり近江《おうみ》の坂本城を拝領するなど、異例の厚遇を受けているが、光秀はまず通訳で認められ、有能な行政官＝奉行として手腕を発揮し、さらに合戦でも功名をあげたのではないか。抗争に巻き込まれた足利義昭《あしかがよしあき》（のちの室町幕府十五代将軍）を、窮地から救い出したという功績もある。

何をやらせてもそつなくこなした光秀は、やがて織田家方面軍司令官に抜擢され、本能寺の変に及んだ。

だが、語学の能力は時勢を読むほどの力はなかったようである。

信長を殺した光秀は、やがて山崎の合戦で羽柴（のち豊臣）秀吉に敗れ、農民の竹槍に突かれて絶命した。享年は不詳である。

最初に京に攻め上った戦国武将

今川義元《いまがわよしもと》といえば、駿河《するが》（現・静岡県中部と北東部）の名門・守護大名である。彼に対する一般的な評価は、桶狭間《おけはざま》の戦《たたか》いで討たれたことによって、織田信長《おだのぶなが》の引き立て役といったものになっている。

しかし、歴史をひもといてみると、日本で最初に上洛戦を敢行したのが、この今川義元なのである。

東海道貿易を独占した権力者・今川義元

上洛戦とは、京に攻め上ることで、もちろん、周辺諸国を平定していかなければならない。これを敢行できたのは、当時の最強の軍団だった証である。

武田信玄《たけだしんげん》など、今川義元には手も足も出なかったため、義元が死ぬまではなにもできず、おとなしくしていたくらいだ。弟分としてうしろにくっついていただけで、ちょうど織田信長に対する徳川家康《とくがわいえやす》の立場と同じだった。

今川家がそれほどまでに力をつけたのは、東海道の要衝である駿河を押さえたこと。続けて遠江《とおとうみ》

（現・静岡県西部）、三河《みかわ》（現・愛知県東部）を支配し、東海道交易の主要どころをすべて独占した。

織田信長に負けた背景も、実際にいわれているようなものではなかったらしい。

義元は四歳のときに仏門に入り、もともと坊さんだった。ところが、兄の氏輝《うじてる》が二十四歳で急死したために、十八歳で家督を相続した。このときは、異母兄とのあいだで相続争いがあり、それに勝利している。

じつをいうと、内戦以外で実際に今川軍を動かしていたのは、義元ではなく、彼を教えた禅僧・太《たい》原雪斎《げんせっさい》だったのである。九英承菊《きゅうえいしょうぎく》とか太原崇孚《たいげんそうふ》という名でも知られているが、この人物が戦争の采配をとった。ただ、雪斎は上洛戦の前に死んでいる。

このころ一般に、「御所（将軍家）が絶えれば吉良《きら》が継ぎ、吉良が絶えれば今川が継ぐ」と言われていたくらいで、吉良の分家である今川は、室町幕府を再建するのが当然の使命だ、と思っていた。

そのために、義元は上洛戦を敢行しようとして、武田信玄と関東の北条氏康《ほうじょううじやす》とのあいだに三国軍事同盟を結び、さらに新興勢力の本願寺とも結ぼうと考えたのである。

ところが上洛戦のさなか、桶狭間の戦いで織田信長にやられてしまった。この戦いは、のちの信長における本能寺《ほんのうじ》の変《へん》とまったく同じで、まさか自分に歯向かってくる者などいないだろう、との油断が最大の敗因だった。

なにしろ、四万七、八千というのは誇張にしても、実質二万五、六千の軍勢が取り巻いている中心核部分に、三千弱の軍勢が突入してくるとは、思いもしなかっただろう。

権力者がおちいる最後の穴が、まさにこれで、のちに信長も同じ運命をたどることになるのだから、この点だけで義元を責めるわけにはいかない。

その意味では歴史上、今川義元はもっと評価されてしかるべき人物ではないかと思う。

死んでいなかったら日本はがらりと変わったか

ただし、室町幕府を再建したい、と考えた志《こころざし》は大きかったが、義元が上洛戦に成功していたとしたら、その後の日本はどうなっていたかを考えると、多少の疑問は残る。

おそらく日本は、いまのローマ法王のいるヴァチカンのようになっていたのではないか。義元では、猛威をふるった一向一揆《いっこういっき》を抑えきることはできなかったかと思われるからだ。

本願寺に勝てたのは信長だけで、その信長にしても、十年も戦争をやって、感覚が少しおかしくなっているくらいである。

なにしろ、「向かっていけ。死んだら極楽に行けるぞ」と教えられ、そう信じて突撃してくる者を相手にするのだから、尋常な神経では太刀打ちできない。殺しても殺しても、いくら鉄砲で撃っても、次から次に湧《わ》いてくるのだから、偏執的なところがあった信長だからこそ、どうにか殲滅《せんめつ》できたことで、義元ではとうてい潰せなかっただろう。

そうなれば、義元がいくら上洛しても、結局は本願寺に負けて、最終的に本願寺が天下をとり、宗教によって国を支配するという、ローマ法王庁のようになっていた可能性が高い。

和菓子と洋菓子、どちらが歴史が古いか？

話はガラッと変わるが、日本では、和菓子と洋菓子とでは、どちらの歴史が古いだろうか。当然のごとく、だれもが和菓子と答えるだろうが、いまでいうところの和菓子は、比較的新しい時代のもので、じつは洋菓子のほうが中身の歴史は古かった。

意外と知られていない菓子の歴史

菓子の「菓」とは果物《くだもの》のこと、「子」は木の実のこと。

日本には、江戸時代に入るまで砂糖がなく、甘さを表現することができなかった。甘葛《あまずら》の茎を搾ったり、飴餅《あめもち》や干し柿の白い粉を使ったりして、甘味を少しでも出そうと懸命になった。

ところが、甘葛の汁をなめてみても、砂糖を知っている今日の人たちからしたら、とても甘さを感じるほどではない。

『源氏物語』に「飴餅」とか「檜餅《ひのきもち》」というのが登場して、それが最高のお菓子とされていた。

鎌倉時代、栄西《えいさい》が留学先の中国からお茶を日本に持ってきて、初めてお茶とお菓子（果物）がそろうことになる。

ついでながら、「おやつ」という言葉は、時刻の「八つ時」から出ていて、それに女性言葉の「お」がついた。八つは、現在の午後二時から四時までの時間帯である。江戸時代の大奥で、定着した言葉でもあった。

当時、食事は朝晩二回しかとらなかったので、午後になると、どうしてもおなかがすいてくる。そこで、ちょっとしたものを食べたのが、おやつのはじまりであった。

鎌倉から室町時代にかけて誕生したお菓子の最高傑作は、果物を除くと羊羹《ようかん》であろう。ただ、この羊羹の甘みも甘葛だから、いまの羊羹とはかなり味が違った。

日本にほんとうの意味での、甘いお菓子が入ってきたのは戦国時代で、南蛮《なんばん》からカステラ、パン、コンペイトー、カルメラなどが伝来、それらにはすべて砂糖が使われていた。

それらを日本人が最初に食べたときには、さぞかし驚愕《きょうがく》したに違いない。

おいしいというより、甘すぎて、とても食べることができなかった。

そのため、戦国時代を通して、日本では洋菓子文化は普及しなかったのである。

日本人はなお甘葛の菓子を食べていたが、徳川幕府の八代将軍・吉宗《よしむね》の時代あたりになって、ようやく砂糖のコストが下がってきて、豪商なら手に入るようになった。このころから、日本人も砂糖の甘さについていけるようになる。

こうして十一代将軍・家斉《いえなり》のころになると、砂糖の国産化とともに、羊羹、饅頭《まんじゅう》などいろいろなものがつくられるようになった。これが砂糖を使った、いまでいう和菓子のはじまりである。

つまり、あまり普及はしなかったけれども、洋菓子の伝来のほうが、砂糖の甘さに関しては古かったのである。

上菓子は大名、駄菓子は庶民が食べるもの

そのあと、日本のお菓子は上菓子と駄菓子に大きく分かれていく。

その違いは、上菓子には白砂糖、駄菓子には黒砂糖が使われたという点である。上菓子は大名も食べたが、駄菓子は庶民しか口にしなかった。

ある大名が桜餅屋の娘を見初《みそ》めて、よく通っては桜餅を買っていたという話が残っている。

大名でも通えたのは、桜餅が上菓子だったからである。

これが駄菓子だったら、大名は通うことはできなかったはずだ。

桜餅というのは、向島の長命寺の寺男をやっていた山本新六という男が考案したもので、最初はあんころ餅に桜の葉を巻いただけのものだった。記録によれば、年間七十七万五千枚の葉を使ったとあるから、桜餅がブームになった時代もあったのだろう。

いまでも、長命寺桜餅というのが名物として売られている。

信長の弟なのに秀吉・家康の時代も生き延びた茶人

織田有楽斎《おだうらくさい》（有楽斎如庵《うらくさいじょあん》）といえば隠士《いんし》、茶人、数寄者《すきしゃ》として有名だが、織田信長《おだのぶなが》の異母弟で、もとの名を長益《ながます》といった。

英雄の家族というのはかわいそうなもので、信長のために兄弟十人が戦死している。父親の織田信秀《おだのぶひで》は生涯に十二人の男の子を授かり、信長は次男で正室の子、有楽斎は十一番目。信長より十三歳年下なので、世に出るのも遅れている。

有楽斎からすれば、おそらく信長がこわくてしかたがなかったのではないか。

戦で城から逃げ出し、無用の人に

有楽斎がまだ幼少のころ、信長はすぐ下の弟・信行《のぶゆき》（あるいは信勝《のぶかつ》）を殺害しているし、その下の兄弟たちも、信長の戦争が広がれば広がるほど、巻き込まれて死んでいく。

五男の信治《のぶはる》、七男の信興《のぶおき》も戦死しているし、長男の信広《のぶひろ》も、九男の秀成《ひでなり》も、若くして死んでいる。

三十六歳のときに、長益＝有楽斎は本能寺《ほんのうじ》の変《へん》に遭遇した。彼の人生は、この夜に一変する。

当夜、有楽斎は信長の長男・信忠《のぶただ》（二十六歳）らとともに、すぐ近くの妙覚寺《みょうかくじ》にいたが、明智光秀《あけちみつひで》の軍勢と対戦すべく二条御所に立てこもったとき、有楽斎も一緒に入城している。

ところが、このあとがいけない。二条御所は信長が正親町《おおぎまち》天皇の皇太子・誠仁《さねひと》親王のためにつくったもので、このとき城内に親王がいた。そこで信忠は、光秀にいったん休戦を申し出て、皇子を城外に逃がしているが、そのとき有楽斎も逃げ出しているのである。信忠はもとより、自分の弟の長利《ながとし》も死んでいるのに、有楽斎だけは逃げた。兄の仇、明智光秀と対決するどころの話ではない。

信長とその長男の信忠が死んだのだから、このあと織田家をだれが継ぐかでもめたおり、本来なら出てしかるべき有楽斎の名は、まったく出なかった。大事なときに逃げた、ということからだろう。

このあと、有楽斎は秀吉にも頭を下げ、家康にも頭を下げながら生き残って、最終的には三万石を拝領している。とくに秀吉のもとでは、千利休《せんのりきゅう》の死後、茶道頭をつとめ、また、朝廷との交渉ごとをまかされて、それなりに活躍している。茶道だけが、彼の唯一の心の支えであったのだろう。兄がこわい人であったばかりに、自己主張をまったくしないで人生を終えた人といえる。

ちなみに、織田家はまったく途絶えたわけではなく、信長の次男の信雄《のぶかつ》系統は、明治まで残っていた。家康は信長と対立関係にあったわけではないので、幕府を開いたのちは、織田家の系統を小大名にしたり、旗本にしたりしている。

ところで、東京・有楽町の地名のおこりは、この織田有楽斎の江戸屋敷があったことによるともいわれているが、有楽斎本人が江戸に住んだとの確証はない。

百八歳まで生きた家康側近の高僧の長寿法とは?

徳川家康《とくがわいえやす》の側近として有名な僧の天海《てんかい》は、百八歳まで生きたという。天文《てんぶん》五年(一五三六)に陸奥国《むつのくに》、現在の福島県会津美里町に生まれたといわれているが、たしかなことは不明である。

天海が通じていたユニークな健康法

その天海が長生きをした理由になるかどうかわからないが、枸杞飯《くこめし》というものを好んで食べた、という話が伝わっている。クコはナス科の植物で、滋養強壮に効用があるという。

三代将軍・徳川家光《とくがわいえみつ》が天海に長寿の秘訣を聞いたところ、

「気は長く、つとめは堅く、色うすく、口食ほそうして、心ひろかれ」

ようするに、気持ちをゆったりと、仕事はきちんと、色=異性はほどほどに、食事の量は少なく、心は広くもて、ということで、彼はストレスの弊害を理解していたようだ。

「長命は、粗食、正直、日湯《ひゆ》、陀羅尼《だらに》、おりおり御下風《ごかふう》あそばさるべし」とも述べている。長生きするには、粗食、毎日お湯に入り、体を清潔にして、血行をよくすることが大切だ、ということである。「御下風」というのは屁。つまり、おならを我慢することはなく、どこでもはばかりなくやりなさい、ということ。

天海は将軍家光に対して、気分転換と気長にやることが大事だということをくどいほど言っているが、これによって、逆に家光の性格がわかる。そうとうに気が短かったらしい。

天海が家光に勧められて柿を食べたとき、そのあとで柿の種をもらっていきたいという。家光がどうするのかと聞いたら、「この種を埋めて、柿を実らせてみたい」。そこで、家光があきれて、「そちはいったい、いくつまで生きるつもりだ。そんなこと、できるわけがないではないか」ところが、天海は実がなるまで生き、それを将軍に献上して、「これこそ、先年いただいた種からできたものでございます」と言ったという。

天海の没後にあらわされた本に、将軍家に指導したという健康法が書かれている。その一つに、尿療法があった。仙人の療法といわれ、桃ヤニなどを尿に漬けたものを飲むというもの。桃の木のヤニは百薬の長といわれていた。

ただし、天海がこれを自分で試したかどうかはわからない。

いずれにせよ、天海は長生きに関する知識が豊富で、いろいろな健康法に通じていたことはたしかなようだ。

第三幕

ときは徳川将軍・江戸町民の時代

徳川家で一番の無頼《ぶらい》の徒《と》だった「将軍」さま

水戸のご老公=黄門様は、時代劇ではまさに救世主のごとく描かれているが、実際はそれほどでもなかった。

水戸黄門こと徳川光圀《とくがわみつくに》という人は、寛永《かんえい》五年（一六二八）六月十日、水戸藩主・頼房《よりふさ》の息子として生まれているが、長男ではなかった。

とても活発な子で、家来の家で育てられたが、付家老《つけがろう》として水戸藩に入っていた中山備前守信吉《なかやまびぜんのかみのぶよし》が、少年時代の光圀をさっさと将軍家に水戸家の跡取りとして紹介してしまった。

光圀、六歳のときである。

「お目見《めみえ》」で出世が決まった

最初に将軍に「お目見」したのがだれかで、家の後継者が決まる時代である。

順番と、会ったか会わなかったかが、すごく大きい。

たとえば八代将軍・吉宗《よしむね》は、母親の身分が低く、「お目見以下」だった。しかも四男だったため、ふつうなら相手にしてくれるはずがないのに、五代将軍・綱吉《つなよし》が、紀州藩邸に遊びにいったおり、「もう一人いただろう」と声をかけてくれたおかげで、お目通りできることになった。

そして、将軍と対面したおかげで、北陸の小さい藩をもらえて、そこから彼の人生はスタートする。ここでお目見していなかったら、紀州藩の藩主にはなれなかったし、飼い殺しの状態で人生を終わったはずである。そのため吉宗は、終生、綱吉のことを心から尊敬していた。

なかには、将軍の実子ですら、一度も会えない場合もあった。体が弱いからお目見させないほうが本人のためにはいい、と判断して会わせなかったこともある。

じつはかなりの暴れん坊だった光圀

光圀がお目見したのは、三代将軍・家光《いえみつ》である。

家光にもちょっと変わったところがあって、光圀のことをわりと気に入り、水戸家の跡取りに決まった。だから、おかしな話だが、跡取りに決まったあとで、光圀は実の父親と対面したようなかたちになっている。

ところが、兄を押しのけて藩主の後継者に決まってしまったということが、光圀の中では大きな心の負担になったようだ。

「長幼《ちょうよう》の序《じょ》」（年長者と年少者の間にある秩序）という儒教の教えからすれば、許されない行為である。

それが原因で彼は不良となり、放蕩三昧《ほうとうざんまい》のあげく、無頼の徒となって、人まで斬り殺していた。守役《もりやく》の一人が書き残したメモによれば、「脇差しを突っ込んで、はすっぱな者の物真似をして、歌舞伎者の世界そのままに伊達者の格好をして歩いた」という。

たとえば、木綿の小袖にビロードの襟をつけ、まわりからは顰蹙《ひんしゅく》を買うような格好で、家来を引き連れて吉原通いを続けた。

そうかと思うと、辻相撲に飛び入り参加して、自分が負けたら刀を抜いて暴れるというように、とんでもないことをやっていたらしいのである。

水戸は御三家の一つだから許されたのだろうが、これがもっと法的に整備された五代将軍・綱吉以降の時代だったら、そうはいかなかったに違いない。

よく「斬《き》り捨《す》て御免《ごめん》」といわれるが、これは、基本的には成り立たない。

たとえば、武士が無礼を働いた農民を斬り殺したとする。斬ったこと自体は咎《とが》められないが、斬られたほうは黙っていない。

「おおそれながら」と領主のところに訴え出る。領主は、自分の領民がやられたわけだから、生産力が落ちる。それをどうしてくれるんだということで、幕府にこれを持ち込む。

そうなると、幕府の評定にかけられ、すったもんだしたあげく、斬ったほうに対して、「相手が死んでいるのだから、おまえも武士らしく腹を切れ」という話になった。

だから、やくざ者が武士に対して、「おい、さんぴん（身分の低い侍をいやしめていった言葉）、悔しかったら刀を抜いてみろ」と喧嘩をしかけるシーンがあるが、そう言われたからといって、武士は簡単には刀を抜けない事情があった。

抜いたら、もう斬るしかない。斬ったら、あとで自分も腹を切らなければならなくなるからだ。斬り捨て御免で、町人や農民が斬り殺されるのはかわいそうだ、というのは正確ではない。最低限でも、武士と刺し違えることはできたのである。

江戸時代には建前と本音があって、法制度についてはけっこうよくできていた部分もあるのだ。

光圀の転機、綱吉の横暴

光圀の場合は、法整備の前だったため、うやむやになってしまったが、そのままだったら、遠からず廃嫡《はいちゃく》となっていたであろう。

ところが、そのように荒れた青春時代を送っていた光圀にも、正保《しょうほう》二年（一六四五）、十八歳のとき、にわかに転機がおとずれる。司馬遷《しばせん》の『史記』を読んで、その中の「伯夷列伝《はくいれつでん》」にいたく感動したのが発端だった。

自分の弟に家を継がせたいために、二人の兄が国を去るという話だが、ここで初めて、彼はそうしたやり方があったことに気がつく。

そして、自分がなった水戸藩の藩主の座を、兄・頼重《よりしげ》の子ども綱條《つなえだ》に継がせ、自分の実子である頼《より》常《つね》には、高松に飛ばされた兄の分家を継がせるという破天荒な交代劇をやってのけ、ここで初めて彼は精神的に救われたのである。

ところが、救われた光圀から見ると、五代将軍・綱吉はとんでもない人間に映った。

三代将軍・家光が死んだあと、家光の子である家綱《いえつな》が跡を継いだのだが、その四代将軍が四十歳で亡くなったあとのことだ。

家綱には二人の弟がいたが、上の綱重《つなしげ》はすでに死んでいて、下の綱吉が五代将軍を継ぐ。

この綱吉決定を、熱心に運動したのが光圀だった。

光圀は、綱吉も「長幼の序」をわきまえているから、男子のなかった綱吉は、次は死んだ綱重の子を将軍にするだろうと考えた。

ところが、いったん将軍になるや綱吉は、権力の座を自分の子どもに継がせたくなった。そこで彼は、子宝に恵まれたくて、母・桂昌院を開基に護国寺を創建して、拝んでみたり、「生類憐み《しょうるいあわれみ》の令《れい》」などを発してみたり、わけのわからないことをはじめる。

しかし、長男の徳松《とくまつ》は五歳で早世、結局はうまくいかなくて、紀州藩に嫁いでいた自分のたった一人の娘・鶴姫に子どもができたら、それに跡を継がせようと企む。

そうした常軌を逸した行動は、若いときにそういうことでさんざん苦悩した光圀にとっては、許しがたいことだったろう。

なにしろ、生類憐みの令では、蚊を一匹殺しただけで遠島《えんとう》処分になった例もあるほどだが、そのときに光圀は綱吉に、「冬は寒いでしょうから、これをお使いください」と言って、犬の毛皮を贈った

りしている。これは強烈なあてつけであった。
綱吉が犬を大事にしたのは、自分が戌《いぬ》年生まれだったからで、側近の柳沢吉保《やなぎさわよしやす》も戌年、その前の側近の牧野成貞《まきのなりさだ》も戌年。柳沢は綱吉よりひとまわり下で、牧野はひとまわり上、三人戌年が集まったわけだから、もう「生類憐みの令」のブレーキがきかない。
ところが、光圀が己れの政《まつりごと》を非難したために、綱吉は怒り狂って、光圀を殺すとか殺さないとかの話に発展する。

黄門様は江戸以外にほとんど国を出なかった

結果、光圀は隠居させられる。
もっとも、光圀はまだ藩内の実権を握っており、紙や煙草、漆などの生産を奨励して、殖産興業に力を入れた。これは邪魔されたが、蝦夷地《えぞち》（現・北海道）にも行きたいという希望をもっていたし、最大の業績の一つである『大日本史』の編纂《へんさん》にもとりかかった。

黄門様が諸国を漫遊したというのは、幕末になって講釈師がつくった話で、これは十返舎一九《じっぺんしゃいっく》『東海道中膝栗毛《とうかいどうちゅうひざくりげ》』の弥次《やじ》さん・喜多《きた》さんの話をモデルにしたものという。

ただ、各地方に光圀にまつわる話が残っていて、それは全国に『大日本史』を編纂するための資料収集を行ったことと関係があった。

そのさい、水戸藩の学者を全国に派遣しているが、そういう人間がきたという話があちこちに残り、いつの間にか光圀自身の伝説につながっていったのではないか。

光圀自身は江戸に常駐しており、隠居してからはほとんど、国もとを出たことはなかったというのが実情である。

それはともかく、綱吉の世継ぎに関する目論見は、結局は失敗に終わり、光圀が主張したように、四代将軍・家綱の次の弟である甲府藩主・徳川綱重の長男、家宣《いえのぶ》が六代将軍となる。

権力を握っている人に対しては、こういった進言はなかなかできないものだ。やはり、光圀だからこそできたといえよう。

若いころの光圀は暴れん坊だったが、綱吉に対して勝負に出ていたころ、能会のときに突然、家老を呼びつけて、それこそ「問答無用」で叩き斬ったことがある。

一説には、綱吉のスパイだったことが判明したからとか、ただカッとなってやったとか、いくつかの説があるが、詳しい事情は伝わっていない。

「水戸黄門」も間違った呼称である

光圀は「先の副将軍」といわれることがある。だが、「副将軍」というポストは幕府にない。水戸徳川家の石高は、御三家の中ではもっとも低い。そのため、参勤交代がなかった。したがって、藩主時代の光圀は江戸に定府《じょうふ》していた。

江戸にいて、将軍の次に偉い人だからというので、「副将軍」と庶民がいったかもしれないが、もちろん、そんな役職はないし、それによってなにか報酬があったわけでもない。

御三家の中で、もっとも石高の高かったのは尾張で、次が紀州。

派閥争いが激しく、五代将軍の綱吉のあとを受けた六代、七代は尾張と仲が良く、八代の吉宗は綱吉派といえるかもしれない。

蛇足ながら、「水戸黄門」とか、「水戸中納言」ともいわれるが、じつはこれは間違った呼称である。

水戸藩の藩主および隠居の最終官位は中納言であり、中納言のことを唐では「黄門」という。ところが、光圀は綱吉に嫌われていたため、一つ下の権《ごん》中納言どまりとなった。だから光圀のことを、「天下の中納言」とか「黄門様」と呼ぶのは、本来はありえない話なのである。

大奥から意外と将軍が生まれていない理由

江戸城本丸の一部に、将軍の夫人である御台所《みだいどころ》（正室）や側室の暮らす住居があった。ここは男子禁制で、大奥といわれた。

江戸城は何度も建て替えられているが、本丸の建坪は一万一千三百七十三坪。そのうち、大奥は六千三百十八坪というから、半分以上に相当する。

大奥は御台所が住むところ、女中たちの宿舎、男性の役人が寝起きする場所の三つの建物からなっていた。ここに最低で六百人、多いときには二千から三千人の女性が暮らしていた。

役割は「世継ぎを絶やさないこと」

大奥は、二代将軍・秀忠《ひでただ》の時代、元和《げんな》四年（一六一八）に法度《はっと》として制度化された。

大奥の掃除や修理は、すべて決められた人だけにかぎる。局《つぼね》より奥に、男子は入ってはならない。女性であっても、手形のない者は出入り禁止。夕刻六つ（六時ころ）を門限とする……。

これらの規則は、江戸時代を通じて、ほとんど変わっていない。

大奥の役割はたった一つだけ、将軍の世継ぎを絶やさないようにすること。徳川幕府は三百年近く続いたのだから、いかにもこの制度＝大奥が役立ったかのように思われがちだが、じつのところは、所期の目的にはそれほど役には立っていなかった。

現実に、大奥で生まれた将軍は家光《いえみつ》の子くらいで、そのほかにはほとんどいなかったのではないだろうか。御三家・御三卿から入ってきた例が非常に多いことでも、大奥が機能していたかどうかはきわめて疑わしい。

大奥が権力争いの場となって、将軍の世継ぎが、幼少のまま死んでしまうことが多かった。殺し合いとまではいかなくても、当時の勘違いから、赤ちゃんを死なせてしまうケースもけっこうあったようだ。

たとえば、女性は白く見えるのが生命《いのち》ということで、さかんに白粉《おしろい》を塗りたくった。これは、それこそ鉛を塗っているようなもので、これを体じゅうに塗っているから、自分自身も毒素を吸うし、赤ちゃんがお乳を飲めば、毒素を吸っているようなもので、これではまず長生きはできない。

大奥で生まれた子どもは、十三歳までは基本的に大奥で育てられるが、なかなか十歳以上までもたず、たいていは三、四歳くらいまでに死んでいる。

大奥にさまざまな女性をスカウトして入れた春日局《かすがのつぼね》

大奥の必要性を最初に言い出したのは、三代将軍・家光の乳母であった春日局である。

明智光秀《あけちみつひで》の重臣・斎藤利三《さいとうとしみつ》の娘で、家光をいかにまともに育て、彼の世継ぎを残すかということが目的だった。

家光は虚弱体質で、顔に大きな痣《あざ》があり、言語障害もあったことから、生母（二代将軍・秀忠《ひでただ》の正室・江《ごう》）はこれを嫌った。そのあとに生まれた国松《くにまつ》（のちの忠長《ただなが》）という弟のほうをかわいがるから、ますます孤立するようになった。

そのため、家光は自殺未遂まで起こして、どうしようもない。なかなか女性を受け入れられないため、男色に走って、女性に関心すらもたなかった。

その家光を、春日局がなんとかしようとするのだが、家光が最初に関心をもった女性は尼さんだった。なにかで挨拶《あいさつ》にきたのを見て、初めて心を動かされたのだが、あるいは男だと勘違いしたのかもしれない。

そこで春日局は、大奥をつくり、さまざまの階層の女性を入れて、なんとか家光の気を引こうとした。

五代将軍・綱吉《つなよし》の母親は、八百屋の娘とか、犯罪者の娘とかいわれているが、健康で、見目うるわしい娘を市中でスカウトしてくるのである。

その甲斐《かい》あって、四代将軍・家綱《いえつな》が生まれ、五代将軍・綱吉が生まれている。その意味では、春日局の作戦も、一応は成功したといえる。

大奥に入った女性たちのその後

ところで、大奥は男子禁制といわれているし、法規上はそのとおりなのだが、実際には庭がかなり広く、その気になれば、わりと簡単に入れたようである。外部の男性と密会していた、というような話も伝わっている。

大奥の女性は、けっこう自由に外に出ることができた。とくに代参《だいさん》といって、御台所の代理で墓参りにいったり、それにかこつけて歌舞伎を観にいったりしている。

御台所、つまり、将軍の正室の暮らしぶりをみると、化粧するのに三時間かかったとある。

定期的に健康診断があって、男性の医者が訪れるけれど、実際に触れることはできない。脈をみるにも、手首に糸をつけて、離れたところからその糸をチョンチョンと引くだけ。形式的なものだった。

大奥の給金も、お米で支払われていた。それを、一般の役人と同じように、蔵前《くらまえ》でお金に両替していた。

当時は、大名は十人まで、旗本は五人ぐらいまで、側室を持つことが許されていた。

しかし、十一代将軍・家斉《いえなり》には側室が十六人以上いて、子どもが五十五人もいた。その子どもたちを、ほとんど大名家に押しつけている。

スカウトされて大奥にあがった女性は、三十歳を超えると、たいていおいとまをする。

大奥の女性も、旗本・御家人と同様に、お目見以上とお目見以下があった。将軍に会うことができたのは、全体の一割もいない。実際には、三パーセント程度だったかと思われる。

あとの女性たちは、三十歳になったら、もう子どもは産めないということで、大奥から帰される。外に出て、普通に嫁いでいく人もいれば、貯蓄をしているから、一人で気楽に暮らす人もいた。

もっともかわいそうなのは、一回でも将軍のお手つきになった女性たちである。

そういう女《ひと》は、その将軍が死ぬと同時に、無理やり尼さんにされた。江戸城内に僧院があって、そこで暮らすことになる。一種の収容所のようなものだが、そこにいるかぎり生涯、生活費が支給された。

申請をすれば、そこから出られないこともなかったが、ここを出たら、〝年金〟がまったくもらえなくなり、生活の保障がなくなる。

一方、お目見以下には多くの場合、老舗《しにせ》の商家の娘が多かった。もともと身分的に将軍には会えない。

この人たちは行儀見習いできていることが多く、大奥へあがったというだけで箔《はく》がついた。

一年ぐらいですぐ実家に戻ると、引く手あまたで、見合い話が殺到した。大奥には、そういう価値もあった。

行儀見習いといっても実際には、端女《はしため》として掃除をしていただけ。それでも、大奥へあがったというだけで、商家ではありがたがられ、「ぜひ、うちの息子の嫁に」という話になったのである。

ほとんどの関所はフリーパス、手形は和紙

江戸時代の旅では、原則として、一ヵ所に一泊しかできなかった。だから、湯治でもない限り、長《なが》逗留《とうりゅう》というのはありえなかった。

江戸時代の旅は、目的があってどこかに行くわけだから、目的地でないところにとどまること自体、理論的におかしい、となったわけだ。

旅の途中で病気になった場合でも、宿屋の主人から町役場に届け出て、許可をもらってからでなければ、宿屋で寝込むことも許されなかった。

まして、旅の浪人が同じところに何日もいて、時代劇のドラマのように事件を解決するなどという話は、考えられない。その意味では、当時の治安はいまより、ずっと行き届いていたといえる。

当時の人々はどのように国を行き来していたか

地名にも残っているが、当時は各所に見附《みつけ》というものがあって、見張りの役人がいた。夕方になって見附の門が閉まったら、そこを通ることができるのは、幕府から許可を受けた特殊な人だけだった。

松尾《まつお》芭蕉《ばしょう》のような人が旅をするときには、あらかじめ届け出て、通行手形（往来手形、関所手形）を受けておかなければならない。

時代劇ではよく、関所を通るとき、木の札を見せたりしているが、手形が木でつくられた例は一度もない。当時の旅は徒歩が基本だから、できるだけ軽くしなければならなかった。そのため、手形はすべて和紙に書かれた証明書だったのである。

これは史料を調べていて出合った例だが、兄が病気になったからと、妹が訪ねていく。ところが、訪ねていった先で、兄がべつの場所に転居していたことがわかった。

この場合、原則としては、その場所がわかっていても、そのまま行くことはできなかった。もう一度、出発地に戻り、手形を書きなおしてもらってからでないと、次の場所には行けない。

ただ、それではあまりにもかわいそうだということで、途中から、そこの役人が新しい手形を書いてもいいようになり、人々は三角形に移動することができるようになった。

芭蕉の場合、俳諧が目的ということで、旅行手形（営業許可証）がおりた。

芭蕉自身は自分を武士だと思っていたかもしれないが、町人あつかいである。初期のころはともかく、芭蕉庵《ばしょうあん》という自宅をもっていたから、ちゃんとした市民だった。

通行手形の売買で役人もひと儲け

ところで、通行手形というのは、関所を通過するための証明書だから、目的地までに関所が五つあったら、手形も五枚必要だった。初期のころは、すべて江戸の町奉行所で用意してもらってから出立していた。

時代がくだるにつれて、移動する人も増え、事務が煩雑になってきたため、途中の関所が次の関所のための通行手形を書くようになった。

たとえば、ある女が悪い人間にだまされて売り飛ばされそうになり、すきを見て逃げ出したとする。逃げる途中に関所があっても、手形を持っていないので女は通れない。事情説明を受け、その格好を見れば、悪いやつに追われているらしいことは、関所の役人にもわかる。

役人はいったんは、「通行手形がないなら帰れ」と言って突き放す。

しかたがなく女はきた方向にとぼとぼと歩きだそうとすると、すかさず役人は言う、

「女、ちょっと待て。おまえはこっちからきたであろう」

そう言って逆の方向を示して、逃がしてやった。

記録にも残っていて、そういう助け方を実際にやっていたことがわかる。

関所でおもしろいのは、関所破りがかなり頻繁に起こっていたのに、それを追いかけてつかまえたという例が非常に少ないことだ。

ただ、たとえば、お尋ね者に関所破りをされ、その後、どこかで事件を起こされたりすると、関所の責任を問われるから、そういうときは厳重に取り締まった。

国定忠治《くにさだちゅうじ》がさかんに関所破りをしたかのように伝えられているが、実際には一度しかやっていない。

けれども、なにか同情すべき事情があって通り抜けようとした者については、そんな者をいちいち追いかけていっても、よけいな費用がかかるだけだから、ほとんどお目こぼしにしたようだ。

また、おもしろいことに、関所の横に脇道があって、そこを通れば、関所に入らなくても先に行けたし、だれでも通ろうと思えば通ることができたらしい。

しかも、手前の茶店あたりで、そこの関所を通らせるための手形まで売られていた。もちろん、関所役人もグルで、彼らの小遣い稼ぎだったようだ。

それどころか、峠の茶屋で、途中でなくした人のために、堂々と関所を通り抜けることができる手形まで売られていた。

ただし、箱根の関所だけは、賄賂《わいろ》もなにも通用しなかった。

とりわけ、「入鉄砲《いりでっぽう》に出女《でおんな》」については、非常に厳重だった。

こわいのは、入ってくる鉄砲、出ていく女性――どちらも幕府に対する謀叛《むほん》に関係しているからで、将軍様を狙撃されてはたまらない。江戸に住まわせている大名の妻子は、大切な人質である。これに国もとに帰られてしまったのでは、歯止めがきかなくなってしまう。

だから、箱根の関所には、女性を改めるための常勤の女性職員がいた。ここだけは、職員の奥さんや女郎に頼んで見てもらう、というわけにはいかなかった。

箱根だけは特別で、そのほかの関所ではお金さえあれば、事実上フリーパスだったといってよい。

徳川十五代の将軍の中で一番の独裁者は？

江戸っ子の粋をあらわすものの一つとして、「初物食い」というのがあった。人より一日でも早く、旬のものを口にする初物食いは、江戸の人にとっては、一種のステータスであったようだ。

ところが、この初物食いを禁じた人がいる。五代将軍・徳川綱吉《とくがわつなよし》である。

信じられない条令のオンパレード

貞享《じょうきょう》三年（一六八六）五月、初物禁止令が出ているが、綱吉がこのような理不尽なことをしたのは、それが江戸の町であまりにも流行しすぎて、人々が極端に走るようになったからであろう。

たとえば、初ガツオ。当時は漁業法が稚拙《ちせつ》、漁船も小さかったから、漁獲量が少ない。宵越《よいご》しの金は持たぬといわれた江戸っ子は、だれよりも先にそれを食べるために、生活用品を質に入れてまでお金をつくって、カツオを求めた。そのためには、小判が必要だったという。

かつては、空腹を満たせればそれでいい、とされた時代であったが、開墾《かいこん》や農業技術の進歩で、収穫量も増え、人々は急速にぜいたくになっていった。

ちょうどその過渡期に独裁力を発揮したのが、将軍綱吉であろう。

彼こそ、徳川十五代の将軍の中で、もっとも独裁的だった将軍といえる。

綱吉にまつわる話で傑作なのは、「物言う馬」事件であろう。

あるとき、馬がしゃべったという噂が、江戸八百八町に広がった。そのときに綱吉は、そういうことを最初に言い出した者を探しだせ、と命じた。

そこで、八百八町を一町ごとに区切って、だれから聞いたかという調査を十カ月にわたって町奉行所は実施する。調査対象になったのは、延べ三十五万三千五百八十八人。

最終的に捕まったのは、筑紫《つくし》園《その》右衛門《えもん》という浪人者だった。

この浪人は、市中引きまわしのうえ、打ち首獄門に処せられている。ふつう、たんなる噂程度で、そこまでするかと思うけれど、こういう執拗《しつよう》さが綱吉という人の性分であったようだ。

練馬大根というのも、この綱吉がつくったものともいわれている。

綱吉は将軍になる前は、上州《じょうしゅう》（現・群馬県）館林《たてばやし》の藩主だった。館林になにか特産物があったほうがいいということで、体にいい大根の栽培を奨励した。

そして、将軍になって江戸にきてから、それを江戸の郊外で栽培させたのが、練馬大根のおこりだといわれている。

この人、なまじ将軍にならなければ、名君であったかもしれない。

七十歳と二十九歳の世紀の決闘、勝者は？

私事になるが、わが家は古流剣術「東軍流《とうぐんりゅう》」の家系で、四代将軍・家綱《いえつな》のときには、柳生新陰流《やぎゅうしんかげりゅう》、小《お》野《の》派《は》一刀流《いっとうりゅう》、二《に》天一流《てんいちりゅう》、林崎神明夢想流《はやしざきしんめいむそうりゅう》とともに、天下の五大流儀の一つに数えられた。この東軍流の初代は川崎鑰《かわさきかぎ》之《の》助《すけ》という人で、私は十七代目にあたる。

川崎鑰之助の師匠だったのが富田《とだ》勢源《せいげん》（五郎左衛門）で、これはかの剣豪・佐《さ》々《さ》木《き》小《こ》次《じ》郎《ろう》の先生でもあった。つまり、ある時期、私の先祖と佐々木小次郎は、同じ道場で稽古《けいこ》をしていたことになる。

年寄りの佐々木小次郎を二時間半も待たせた宮本武蔵《みやもとむさし》

佐々木小次郎の生年は不明だが、実在の人物で、「富田勢源の打太刀を務めた」というたしかな記録もある。記録をたどっていくと、おおよそのところは割り出せる。

流儀というものは、いくつかの分派にわかれていく宿命にあって、佐々木小次郎にかかわる系統でもっとも大きな流派が、一刀流である。

小次郎が師の勢源の死後、改めて学んだのが、勢源の高弟・鐘捲自《かねまきじ》斎《さい》であり、その自斎の弟子が一《いっ》刀流《とうりゅう》の伊東《いとう》（藤）一刀斎《いっとうさい》。一刀流というのは、日本剣道の基本で、現代まで連綿続いている流派では、これが最大であろう。

富田勢源の流れが中条流系《ちゅうじょうりゅう》（のち富田流）で、日本の剣術の流派は大きく分けると、兵法三大源流といわれる中条流、陰流《かげりゅう》、神道流《しんとうりゅう》（天真正伝香取神道流）のいずれかに行き着く。

その違いは、たとえば、中条流は刀がきわめて短く、陰流は長い。刀が短いということは、回す技が多いということである。神道流は直刀で、「鹿島太刀」を使う技法だったのではないか、といわれ、のちに槍術の流儀にもなっていく。

富田勢源、鐘捲自斎は、ともに織田信長と同時代の人である。

佐々木小次郎も同時代だったとすると、巌流島《がんりゅうじま》で宮本武蔵と戦ったときには、七十歳ぐらいだった計算になる。そうでないと、時代が合わない。

一方の武蔵は、二十九歳であった。

そう考えると、武蔵はとんでもない人間で、年輩者を寒い中、二時間半も待たせておいて、うしろからそっと波に乗ってやってきて、櫓《ろ》をけずってつくった木刀で、いきなりぶっ叩いたことになる。しかも、長さがわからないように、櫓の先を水の下に隠して、波打ち際を走り込んできた。

非常に、卑怯なつかい手といえる。

ただ、佐々木小次郎は、吉川英治《よしかわえいじ》の小説のように、一太刀打たれただけで死んだのではない。当時の文献『沼田家記』をみると、すぐあとで息を吹き返している。

それだけでなく、吉川英治の小説『宮本武蔵』に登場する小次郎の記述はほとんどが創作で、史実とは違っていた。たとえば小説には周防国《すおうのくに》（現・山口県東南部）岩国の出で、橋のたもとでツバメを斬って「燕返し《つばめがえ》」という技を編み出したと書かれているが、その時代、岩国に橋はない。橋ができたのは江戸時代以降の話である。

しかも、佐々木小次郎の記録をいくら調べても、「燕返し」という技は出てこない。よく似た技があるとすると「虎切《とらきり》」で、これは下からすくい切るようにする技である。

ルール違反で勝利、決闘の知られざる背景

では、そんな高齢だったのに、なぜ武蔵の挑戦を受けたかである。

宮本武蔵は小倉藩細川《ほそかわ》家の剣術師範になりたかったが、先に佐々木小次郎が師範をつとめていた。武蔵がそれに仕合＝試合を挑んだかたちだが、これには裏があって、細川家の当主・忠興《ただおき》と三男で後継者の忠利《ただとし》の対立＝代理戦争だったという側面がある。

すでに江戸時代になっても、忠興は戦国時代の感覚から抜けきれず、なにかにつけて息子に口出しをする。忠利はそれが気に入らなくて、忠興が気に入っていた佐々木小次郎を、若い宮本武蔵の相手としてぶつけた。それで、父親の鼻をあかしてやろうと考えたのだろう。

忠利の思惑どおり、武蔵が勝つには勝ったが、勝ち方がひどすぎた。

藩に残る記録によれば、小次郎が息を吹き返したところを、武蔵の弟子たちが襲って、なぶり殺し

にしてしまったのである。

巌流島で勝負をするとき、お互いの門下生は島に上げない、という約束ができていた。小次郎はそれをちゃんと守ったのに、武蔵は密かに門人を上がらせていて、結果的にとどめを刺させたのである。

これでは小次郎の門下生たちが怒るのは当然で、武蔵を殺そうと小倉で待ちかまえていた。ところが、細川家は処置に困り、鉄砲隊まで出して武蔵を現在の大分まで逃がしている。

卑怯な手を使い、ルール違反までやって、やっと逃がしてもらったというのに、武蔵という人間は、その後、自分をいつ師範にしてくれるのか、と問い合わせまでしているのである。

細川家側ではその話はなくなったと考えているのに、それでも武蔵は、ほとぼりが冷めたら雇ってもらえるだろうと思い込んでいたのである。もちろん、相手にされる道理はない。

剣術の仕合というものは、戦国時代でも現代でも、勝つためなら、なにをやってもいいというものではない。同じ条件でなければ、そもそも仕合にならない。

相手を待たせるとか、遅れていくとか、弟子を連れていくとか、そういうずるいことをやったために、結局、師範に取り立てられなかったのである。本人は、そこがわかっていなかったようだ。

ところで、宮本武蔵が仕合に遅れた理由には、二つの説があった。

相手の集中力をそごうとして、時間稼ぎのために遅れてきたという説と、逆風で波にうまく乗れなかったために遅れたという説。私はあるテレビ番組で、その検証をやったことがある。

海上保安庁のコンピュータにデータが入っていて、西暦年月日を入力すれば、そのときの潮の流れが出てくる。それで調べたところ、武蔵にとっては追い潮だったことが判明した。これで、彼が意図的に遅れてきたことがはっきりしたのである。

佐々木小次郎は剣術は正統派で、いわば王道を歩んできた。

それに対して、宮本武蔵という剣客は、まともな剣術をやったことがなかった。少なくとも、三つの流儀からははずれている。彼のは山岳剣法といって、修験者などが山深く入って猪や熊と戦うときに使った技術だったのではないか。

武蔵の父親は十手術の名手で、室町幕府でもそれを教えていた。十手を両手に持つので、それを刀に持ちかえれば二刀流になる。

むろん、こちらも正統な剣術の流派ではない。

佐々木小次郎は存在しなかった？

宮本武蔵の著書『五輪書《ごりんのしょ》』には、佐々木小次郎の名前が出てこない。

そこで、小次郎は実在の人物ではなかったのではないか、という説もあるのだが、そうとはいえないはっきりした根拠がある。

武蔵の養子・伊織《いおり》が、自分の領内に建てた宮本武蔵の碑文には、「巌流《がんりゅう》」という二文字が出てくる。だから、佐々木小次郎という人はいなかったとしても、巌流という人は確実にいた。ただ、これが流儀の名なのか、屋号なのか、人の名前なのかがわからない。

それから百五十年後くらいの江戸中期、武蔵のことを三代にわたって調べたという人の本が世に出て、その中に初めて「巌流小次郎」と出てきた。それが江戸時代末期になって、「巌流佐々木小次郎」となる。近江《おうみ》の名門だとか、源氏の出などといった話が出てくるのは、さらにそのあとである。

巌流島という地名も当時はなく、「船島《ふなじま》」といわれていた。それがのちになぜ、巌流島と呼ばれるようになったかについても、いろいろな説があった。

たとえば、あそこには平家の落武者の子孫が住んでいて、彼らには、負けたほうの名前を残すという風習があり、それで小次郎の名前を残したという説もある。

いずれにせよ、宮本武蔵が二時間半も待たせたあげく、老人を長い木刀でぶっ叩いた、というのが巌流島の決闘の実相である。

徳川時代、剣を捨てた最強の剣士の九十年の人生

宮本武蔵《みやもとむさし》の対極を生きた人物に、石川丈山《いしかわじょうざん》という人がいた。丈山という名前は知らなくても、京都の名所の一つ、詩仙堂《しせんどう》の名は知っている人も多いだろう。この詩仙堂をつくったのが、石川丈山である。

三河武士＝戦国時代の徳川家で、もっとも武術が強かった人物を一人選べといったら、私は文句なくこの人をあげる。

最強の剣豪はマザコンだった？

石川丈山は、正しくは石川嘉右衛門重之《いしかわかえもんしげゆき》という。天正《てんしょう》十一年（一五八三）に三河国《みかわのくに》碧海郡泉郷（現・愛知県安城市）に生まれている。四歳で往復六里（約二十四キロ）を歩いたという。十二歳のときに父親に死なれ、家督を相続。由緒正しい三河武士だったため、徳川家康《とくがわいえやす》の親衛隊に取り立てられる。

ところが、親衛隊というのは、家康の身が危なくならないかぎり、活躍の場がない。したがって、

十八歳で参戦した関ヶ原の合戦以来、丈山にはまったく出番がなくなってしまう。

大坂冬の陣のときにも働きどころがなくて、さて、どうしたものかと思案していたときに、母親から手紙が届く。

家康はすでに豊臣秀頼《とよとみひでより》を追い込んでいたから、たぶん次の戦いが最後の戦いになるだろうということは、だれの目にも明らかだった。

「もし次の合戦で、名だたる武功をあげなかったら、私は生涯、あなたと会いません」

母親からの手紙には、そのようなことがしたためられていた。丈山もすでに三十三歳になっていた。

戦国時代の武将というのは、母親に生命《いのち》を狙われた例もあるくらいだから、逆にいうと、超ファザコン、超マザコンが多い。

たとえば信長は超ファザコンで、桶狭間《おけはざま》の戦いに勝てたのも、かつて父親の信秀《のぶひで》が今川義元《いまがわよしもと》と戦って勝ったことがあり、それが心の支えとなっていたからだといわれている。

豊臣秀吉《ひでよし》はマザコンで、自分を追い出して新しいご亭主を引き入れても、母親への思慕の念はずっと残したままだった。徳川家康もマザコン。

その意味では、石川丈山も超のつくマザコンだった。

最後の合戦が、慶長《けいちょう》二十年（一六一五）の大坂夏の陣になるわけだが、家康がまさに出陣するという大事なときに、丈山は腸チフスを患って寝込んでいた。これでは参戦できそうもない、と思っていたところに、母親から手紙で脅かされたのである。

そこで、どうせ死ぬなら戦場で死ぬしかない、と思いなおした丈山は、病気にもかかわらず戦場に打って出ていくことになる。

最高の手柄をとるも、蟄居閉門《ちつきょへいもん》

合戦の場面では、「一番槍《いちばんやり》」が最高の手柄とされた。

対峙《たいじ》した両軍は、少しずつ距離を詰めていって、これ以上寄ったら斬り合いになる、という極限状態のところまで、お互いに寄っていく。だれしも恐怖心が先に立ち、硬直状態になっているそのときに、開戦の口火を切る者が出てくる。

真っ先に、敵の陣地に突っ込む者のことだが、これは十中八九、串刺しにされて殺されてしまう。しかし、運よく生命が助かって本陣へ帰れた場合、これが一番槍という手柄となった。

さらに、敵の最前線を突破して、相手方の本陣に最初に乗り込んだ者を、「先登《せんとう》」または「一番乗り」といい、場合によっては、一番槍よりこのほうが重要視されることもあった。

また、両者の真ん中に、「一番首《いちばんくび》」というのもあって、最初に敵方の首をとって本陣に持ち帰ったら、少しぐらいその首のレベル（階層）が低くても、幸先がいいということで、これは一番槍とほぼ同等の手柄とされた。

大坂夏の陣のとき、丈山は大坂城への一番乗りを果たそうとして、「ちょっと視察にいってくる」とかなんとか言いながら、味方を騙して本陣を抜け出し、最前線に出ていった。

大坂城の最前線では、加賀（現・石川県南部）の前田家の部隊が守っていたが、そこを突破し、大坂城への一番乗りを果たす。

さらに途中、一番首も取っているのだが、人の首は重いのでそれは捨てて、とにかく一番乗り、先登を果たしたということで、彼は意気揚々と引き上げてくる。

手柄というのは、すべて証人制で、味方のだれかの証言がないと認められないが、丈山にはしかるべき証人もいた。

最高の栄誉をやってのけたのだから、それこそどこかの城でももらえるのではないか、とルンルン気分で自軍の陣地に帰ってきたのだが、彼に下された沙汰は、蟄居閉門だった。

「おまえが前にいたために、鉄砲隊が鉄砲を撃てなかったではないか。勝手なことをしやがって」

戦国時代というのは、大坂冬の陣までは勝手放題、勝ちさえすればなにをやっても正当化された。味方を騙してでも、勝ちは勝ちだ、という世界だった。

ところが、夏の陣になると、様相が一変して、そういう抜け駆けは、逆に味方を危機におとしいれる行為とみなされるようになっていた。丈山は謹慎しながら、世の中が変わったことに気がついたのである。

剣を捨て、学問で出世した先読み人

彼が一歳年下の宮本武蔵と異なったのは、ここから先である。

時代は変わり、もはや武辺《ぶへん》では生きていけない、と悟った丈山は、武術中心の生き方をやめ、それまでのすべてを捨てて、いままでやったことのない学問の道に新しい活路を見出したのである。

まず、天下一の学者・藤原惺窩《ふじわらせいか》の門に入り、猛然と儒学を勉強した。冬場、氷の中に足を突っ込んだり、自分の顔面を殴りつけたりして、三年間で免許皆伝（今なら教員免許のようなもの）をもらい、芸州・広島藩に三千石で召し抱えられることになる。

宮本武蔵の悲劇は、自分の値打ちを客観的に見られたところで、彼は三千石が自分の価値だと思っていた。この当時、三千石というのは、部隊を率いて戦場に出られる最低の単位だった。三千石を切ると、将校ではあっても、指揮権がない。

だから、武蔵は三千石がほしかったのだが、幕府に行ってもだめ、尾張に行っても失敗、そのあと、しきりに外様大名のところをまわるが、結局、三千石を手にすることはできなかった。

ところが丈山は、転身したおかげで、みごと儒学で三千石を広島藩からもらうことに成功したのである。そして、母親が生きているあいだはずっと尽くし、母親が亡くなると、宮仕えは疲れた、ということで京都へ出て、「凹凸窠《おうとつか》」（詩仙堂）を建てる。五十九歳のときである。

一般に詩仙堂といわれるのは、漢、秦、唐、宋の時代から選んだ三十六人の詩人の絵と詩を掲げたからで、そこで彼は、寛文《かんぶん》十二年（一六七二）に九十歳で死去するまで、好きなことをやって生きた。

石川丈山はあまり知られてはいないけれど、時代の転換をよく読んで、自分を見事に転身させ、出世もし、なおかつ晩年も心豊かに暮らした人として、もっと注目されていい人物であろう。

日本で初めての旅する俳諧師《はいかいし》

松尾《まつお》芭蕉《ばしょう》は後世、「俳聖《はいせい》」と称されるが、彼の人生を探っていくと、俳聖というタイプの人ではなく、むしろ立身出世欲の強い、向上心の強い人物ではなかったか、という気がしてならない。

芭蕉には、いわゆる下積み時代というのがあった。

芭蕉にとって、俳句は出世の手段だった

寛永《かんえい》二十一年（一六四四）、松尾芭蕉は伊賀（現・三重県南部）の上野に生まれている。松尾忠右《ちゅう》衛門《えもん》と名乗り、上野の名門・藤堂《とうどう》家の良忠《よしただ》に仕え、その学友ともなって、北村季吟《きたむらきぎん》に俳諧を学ぶ。

芭蕉の俳句は、学問的な俳句、あるいは趣味の俳句ではなく、出世の手段として考えた俳句であった。ここに、彼の特徴がよく出ている。

その後、京へ出て、日本の古典や漢籍を勉強し、俳人となっていくのだが、なぜそういう道をたどったかというと、出世をさせてくれるだろうと思っていた良忠が、若くして死んでしまったからである。

このまま、藤堂家に仕えていても先はない。それで、なにか手だてはないかと考えたときに、自分に残っていたのは、良忠と一緒に学んだ俳句だけだった。

そこで、俳句で身を立てるほかないと考えて、即席の勉強で、日本の古典や漢籍を学ぶことにしたのである。

そして、五、六年後にその最初の成果ともいえる『貝《かい》おほひ』という作品集を、伊賀上野の天満宮に奉納している。

このあと、芭蕉はそれを本にして、延宝《えんぽう》三年（一六七五）頃、三十一歳前後で、江戸に出る。

伊賀はいまの三重県西部だから、京や大坂のほうがはるかに近いし、俳諧のレベルも高かった。俳諧の先生である北村季吟も、上方の人である。俳諧師として生計を立てるなら、関西のほうがいいのに、わざわざ江戸に出たのは、己れの出世を考えたからであろう。

このときも抜け目なく、藤堂藩（津藩）の藩邸を利用して、知り合いを頼っていくかたちをとっている。俳諧で身を立てるにしても、本来なら師匠の系統を考えるところだが、彼は自分が先生になることを考えていたようだ。

いまでいえば、さしずめ自費出版の本を持って東京へ出て、それを売り込み、作家になろうとしたわけだが、世の中、それほど甘くない。

この当時の江戸の俳諧師は、太鼓持ちのようなところがあって、お金持ちの旦那衆が俳諧の会を催すときに、その席に呼ばれる。そこで彼らの俳句を適当にほめて、会が終わり、「じゃあ、みなさん、吉原へ繰り出しましょうか」といったときには、「へい、へい」と言ってついていく。

そういうヨイショ役として一日つき合って、お金をもらうのが俳諧師の生活だった。だいたい、まともに俳諧がわかる人など、江戸にはいなかったのである。

そんな状況に流されないで、俳諧師としてまともに生きるため、芭蕉は土木関係のアルバイトもしている。といっても、力仕事ではなく、読み書きができたから、水門の管理、土木職人の出入りの記録など、管理部門を担当していた。

そうやって日々の生活を安定させながら、延宝八年（一六八〇）、深川（現・江東区）に芭蕉庵を結び、なんとか弟子を増やそうと懸命に頑張るのだが、無名の人間がいきなり江戸へ出てきて俳諧をやっても、まず人は集まらない。

俳句というのは、人を集めて、彼らの句を添削してお金が入るわけだから、人が集まってくれないことには、成り立たない職業である。いろいろ工夫はするが、なかなかうまくいかない。

旅によって初めて俳句の極意を悟る

頭を丸め、「芭蕉」と俳号を改めたのが三十九歳のとき。

江戸ではこのころ大火事が起こったり（芭蕉庵も焼失）、飢饉《ききん》が起きたりして、どうしようもない状況にあったのだが、彼は精神的にも切迫し、四十一歳のときに旅に出る。

そのときの心境は、

野ざらしを心に風のしむ身かな

このままやっていても、俳諧師としては成功しない。だったら、旅先でのたれ死ぬのもいいではないか――。

そんな心境で旅に出たことが、その後の芭蕉の人生を決定づけることになる。

この旅で『野《の》ざらし紀行《きこう》』を書くわけだが、彼はここで初めて俳句の極意みたいなものを悟ったのではないか。

死んでもいい、という気持ちで旅に出て、自分を捨ててまわりの自然を見たとき、初めて冷静な心で、ものごとの神髄《しんずい》を見ることができたのではないか。

己れを捨て、透明な気持ちで俳句を詠んでいるうちに、知らず知らずに名声があがり、いつしか芭蕉の俳風というものが確立されていった。

弟子たちにも、物をちらりと見た瞬間の印象が、まだ心の中で消えぬうちに句にするのがいい、と教えている。じっと見いる必要はない。チラッとでいい、そこではっとひらめいたら、それをかたちにしていけばいいのだ、というのである。

それまでの俳諧師は、座敷で頭の中だけで句をつくっていた。彼はそれを、旅をしながら瞬間を俳句にとどめるということを考え出したのである。

こうして、『笈《おい》の小文《こぶみ》』『更科《さらしな》紀行』『奥《おく》の細道《ほそみち》』と、次々に傑作を生み出していった。

『奥の細道』は収支を考えた旅だった？

芭蕉の俳句が正当に評価されるようになったのは、晩年、やはり『奥の細道』が出たころからである。

『更科紀行』を書いたとき、「こんな俳句のために、生命《いのち》がけで旅に出たのか。それはどんな話なのだ」といった一般の興味から、しだいに評判になっていったようだ。彼が死ぬころには、評価は十分にあがっていた。

私はかつて、『奥の細道』の収支決算書をつくってみたことがある。

宿泊代やロウソク代、食費、草鞋《わらじ》代などを計算し、収入から差し引くと、黒字になった。それは、行く先々で旦那衆を集めて、俳諧の会をやったからである。

句会で集まった人が詠んだ句をまとめて、一冊の本にすることを「巻く」といったが、「松尾芭蕉監修」といったかたちで巻けば、そうとうのお金になった。そういうことをしながら、旅を続けていたので、彼は旅費に困ることはなかった。

奥羽地方の、とくに『奥の細道』で歩いたあたりは、けっこう地方のお金持ちがいたところである。仕事は人まかせだから、旦那衆はみんな暇で、することがない。だから、江戸から偉い人がきたらしいというだけで、土地の名士たちがみんな集まってきた。

人が集まらないようなところに宿泊したとか、馬に乗ってお金がよけいにかかった、といった記録

もなくはないが、基本的には芭蕉は、お金に不自由はしていない。

旅を成功させるためには、自分より偉い人がいるところに行ってもだめで、俳諧の水準が高い関西を旅しても、あまりお金にはならなかっただろう。

その意味でも、彼は最初から収支を考えながら、奥の細道の旅に出た可能性が高い。

そういう生涯を送った芭蕉だが、じつはたいへんな酒飲みだった。酒をこよなく愛した人だったといわれているけれども、彼が飲んでいた酒が、清酒であったのか、どぶろくであったのか、いろいろ調べてみたけれど、よくわからなかった。

そして、「高く心を悟りて俗に還るべし」と言いながら、彼は元禄《げんろく》七年（一六九四）、五十一歳でその生涯を閉じている。

ときに、芭蕉には、忍者説とか、スパイ説とかが語られてきた。

たとえば『奥の細道』の記述と、同行した弟子の河合曽良《かわいそら》がつけていた日記とを比較すると、細かい日付、泊まっていた場所や日数が違うなど、不審な点があった。もし、どちらも記憶違いでないとすれば、二人は異なった行動をとっていたらしい部分がかなり出てくる。

では、べつべつに行動していて、なにをしていたのだろうか、ということから、じつは二人は公儀の隠密だったのではないか、といった与太《よた》話も出てきたわけだ。

ただ、芭蕉の出た伊賀の藤堂藩は、徳川幕府から別格扱いはされていたものの、もともと外様大名である。その陪臣《ばいしん》（家臣の家来）筋の人間が、幕府の隠密をつとめるというのは、いささか考えにくい。

なるほど、伊賀は甲賀と並ぶ忍びの里であり、瞬間的にものごとの本質を見極めて、それを瞬時に短い文章にまとめるといった能力は、いかにも忍びが持っていそうな気はする。その健脚ぶりもあいまって、隠密説も出たのだろうが、残念ながら、それを実証する傍証はおろか、推測以上の根拠は見当たらなかった。

初詣《はつもうで》は行ける神社と行けない神社が決まっていた

「御《ご》用納《ようおさ》め」という言葉は、もうほとんど死語になりつつあるが、日本ではいまでも、大晦日《おおみそか》に除夜の鐘を聞いて新年を迎え、元旦に初詣をするというのが、一般的に行われている。

ただし、いまの初詣は日本の伝統、歴史的なルールからは、だいぶはずれているようだ。


源氏は八幡宮《はちまんぐう》、平家は厳島神社《いつくしまじんじゃ》、藤原氏は春日《かすが》大社《たいしゃ》

初詣の起源とは、その年の恵方《えほう》の方向にある神社に詣《もう》でて拝むことだった。

恵方とは、その年の福の神（歳神《としがみ》）がいる方向を干支《えと》であらわしたもので、これを「恵方詣《えほうまいり》」という。つまり、行きつけの神社に毎年詣でるということではない。由緒正しい初詣では、訪ねていける神社が限定されていたのである。

由緒とは、氏姓にかかわりのあるところ。鎌倉幕府――とくに将軍家、あるいは源氏でいえば、鶴《つるが》岡《おか》八幡宮になる。それ以外では、氏神《うじがみ》、いわゆる産土神《うぶすながみ》など、出生地に祀《まつ》られている神社に行くことになった。

子どもがいると、お宮参りをしたり、袴着をしたり、いろいろな儀式をするが、元服するまで、一貫して一つの神社で行う。つまり、行ける神社と行けない神社が明確に分かれていたのである。

源氏は八幡宮、では平家はどこかというと、厳島神社。藤原氏（「藤」のついている家系はたいてい藤原氏の出）は、鹿島《かしま》神宮、香取《かとり》神宮、近畿では春日大社。もちろん、各地の分社でもかまわない。

したがって、源氏の家系の人が奈良の春日大社に初詣に行っても、なにもご利益はないことになる。

また、江戸時代には商人の御用納めはなく、除夜の鐘を聞くまで商売をしていた。

とくに大晦日は掛け取り、つまり借金をしている人を追いかけまわすのが大事な仕事で、除夜の鐘が鳴るまでに回収しないと、チャラになってしまう場合もあった。

そこで、町人のあいだでは壮絶な追っかけっこが展開され、その様子は落語にもさかんに登場した。

昔は誕生日はみな正月だった

江戸時代には、正月にみんながいっせいに一つ歳をとった（数え年）。一年間、家族が無事であったことを氏神様に感謝し、新年の家内安全を祈願するということで、家族全員で詣でることになっていた。ちなみに、江戸時代には、誕生日を祝うという風習はなかった。

明治の人もそうだが、誕生日が一月一日という人がとても多い。一月はもとより、十二月や二月ごろに生まれた場合でも、一月一日に生まれたことにして届け出た父母が、やたらといたからである。

誕生日を祝う習慣ができてからも、正月に歳をとることを祝う習慣は減ったが、相変わらず元旦生まれが続いていたのだろう。戸籍法ができてからも、そういうケースがけっこうあったようだ。

年齢の数え方も、昔は違っていた。日本人の伝統的な考え方は、母親の体内に生命が宿った段階で一歳、生まれて最初の正月を迎えたら、そこでもう二歳になっていたのである。

あわせて、江戸時代は神社そのものに参るより、初日の出を拝むというやり方が一般的だった。江戸の名所としては、周囲より高いところにある神田明神《かんだみょうじん》、愛宕山《あたごやま》や高輪御殿山、あるいは深川の洲崎《すさき》神社など、海岸に近い場所は日の出がきれいに見え、江戸の庶民は殺到したようで、いまの花見のように、場所取りが大変だったという記録も残っている。

新年の挨拶《あいさつ》は、「あけましておめでとう」。この「おめでとう」の語源は、「おめでたくあれ」、つまり、めでたい年であるように、との願望がこめられていた。

子どもが楽しみに待っているお年玉の「たま」は、「魂」のこと。歳神に供えられたものには、神の分霊が宿るとされ、儀式のあと、氏子たちに下げ渡された。それをいただくことで福を授かるというのが、お年玉の由来である。だから、子どもだけがもらったわけではない。

もともとは歳神からもらっていたものが、氏の上（当主）からもらうようになり、目上の人からももらうようになったのは、江戸時代からである。

最初は物品だったのが、しだいにお金をもらうようになった。

離婚されない三条件、江戸は女房たちの天下だった

江戸時代までの女性には、好きな人と結婚するという考え方は希薄だった。

好きな人と一緒になることを、当時は「野合《やごう》」といったが、これはもともと、野っ原でセックスをするという意味で、とんでもない行為であったのだ。

それが転じて、野合といえば不義密通を指すようになるが、この「不義密通」という言葉も、正確ではない。なぜなら、不義と密通では意味が違うからである。

こんなに違った？　武家と農村の恋愛事情

不義というのは文字どおり、「義にあらず」――やってはいけないこと。密通とは、配偶者がいながら、ほかの異性と情を通ずること。不義と密通では、処罰からして違っていた。

人目を忍んで恋を語る、好きになるというのは不義で、お手打ちになる可能性もあった。武家の娘が父親に、「私、あの人が好きです」などと言ったら、それこそ父親に斬られかねなかったのである。

武家の世界にはないけれども、農村など年に一回、村祭りがあった。この日の夜は、真っ暗なとこ

ろで、最後に若い男女が野合をする。

相手がわからないし、途中でパートナーが替わるので、子どもが生まれても、父親はわからない。おもしろいことに、こうして子どもができた場合、父親の指名権はその子どもの母親が持った。彼女から、「この人です」と指名されたら、もうその男は逃げられない。有無を言わさず、村役人に届け出て婚姻関係が成立した。

当然、女性はやさしくてよく働く男を選ぶわけで、考えてみれば女性を守る仕組みができていたことになる。

武家の世界では、現代のような見合いというものがないから、政略結婚とまではいかないが、まわりの人間が家格のバランスを考えながら、石高《こくだか》・家禄《かろく》に見合った相手を選んだ。だから、結婚して初めて花嫁や花婿と対面するといったことも、珍しくはなかった。

結婚式では花嫁はずっと下を向いているから、この段階でもまだ顔がわからない。初夜の床でも、暗いからわからない。一夜あけて、新しい生活がはじまってからやっと、夫婦ともに、「ああ、こういう顔をしていたのか」と、お互いを知るケースが多かったようだ。

武家の娘は、ふだんはあまり人前に顔を出さない。外出することがあっても、一人で出ることはない。必ず姉《ねえ》やとか婆《ばあ》やが付き添っていて、さらに日傘や頭巾《ずきん》で顔を見せないようにしていた。

これも一つの生活の知恵で、たとえば日傘を差して歩いていると、美人なのかそうでないのかわからない。襟首のあたりは、少し見えるようにする。

そうすると、中にはひっかかる男もいて、身分の高い家の息子から見初められることもあった。「話をしてみてくれないか」ということで、まわりの人間が動いて縁組となる。

そして、いざ結婚して顔を見たら、「えっ、うそ！」ということになっても、もう後の祭り――。

そういうことからすれば、江戸時代には、あらゆる意味で、むしろ女性のほうが手厚く守られていたような気がする。

江戸時代の結婚を見ていくと、総じて武士＝男は晩婚の傾向があった。

とくに次男、三男は悲惨で、場合によっては、飼い殺しというか、長男の家来になってしまうことも少なくなかった。なんとか養子先を見つけて、三十歳から三十五歳ぐらいで結婚できたら、まだ幸せなほうだったようだ。

では、女性はどうだったか。武家の娘の場合、まず二十歳まで。二十歳を超えると、「年増《としま》」といわれた。「大年増《おおどしま》」といえば、二十五歳ぐらい。大年増になると、もはや女じゃない、というか、結婚相手としては対象外。もちろん、これは江戸時代の話である。

結婚・離婚は、女性のほうが有利だった

江戸時代までは、基本的に離婚というものがなかった。

妻がどうしても別れたい、という場合には、縁切寺《えんきりでら》に駆け込むなどの方法があったが、嫌いになっ

たとか、ほかの人が好きになったとかいう理由では、そもそも離婚はできなかった。

ただ、「七去三不《しちきょさんふ》去《きょ》の法」というのがあって、少し古くなるが、大宝律令《たいほうりつりょう》（文武《もんむ》天皇時代の七〇一年、藤原不比等《ふじわらのふひと》らが編纂《へんさん》した日本で初めての律令）と、これを改訂した養老令に出てくる法律である。

この場合の「七去」は、次の七つのうち、一つでも該当することがあれば、離婚を認めるというもの。
①妻が男子を生めない、②淫乱、③夫の両親を大切にしない、④おしゃべり、⑤盗み癖がある、⑥嫉妬心が強い、⑦悪い病気を持っている。
これだけあったら、世の妻の多くは、どれかに該当するような気もする。おしゃべりと言われても、どのくらいのおしゃべりなのか、基準がわからない。

七去だけを見ると、当時の妻はかわいそうだとか、夫に支配されているように思われるかもしれないが、じつはこの法律のポイントは「三不去」のほうにあった。

次の三つのうち、どれか一つでも該当したら、離婚はできないというのだ。
①結婚当初より、夫の地位があがったり、財産が増えたりした場合、②離婚されても妻の帰る家がない場合、③姑が亡くなって四十九日間、妻が喪に服した場合。
通常は、①が該当する。夫が、もうこんな古女房はいやだと思っても、結婚後に財産が増えていたら、若い妻と取り替えることはできない。
②は、たとえば妻の実家が代替わりして、兄弟が当主になっているような場合も、離縁されることはなかった。さらに、姑が亡くなって、四十九日がすぎたら、もうこっちのものである（舅姑の三年

の喪を果たした場合、というのもあった)。

どんなに先の七つに当てはまっても、あとの三つの条件のほうが優先する。だから実際は、妻のほうがずっと法律的には守られていたのである。

江戸時代の女性は、自分から男性を選べなかったという点では不幸かもしれないが、結婚したあとの生活に関しては、ずいぶん恵まれていたといえるのではないだろうか。

男子が生めない妻というのも、娘に婿《むこ》をとればいいことだし、子どもがない場合でも、まず男の子を養子とし、その子に嫁を迎えればいい。

江戸時代には、この夫婦養子というかたちがとても多かった。血筋は変えられないが、血統より家が重んじられた時代だから、いかようにもできた。

江戸時代の大坂の町家では、女子が生まれると赤飯を炊き、男子が生まれるとため息をついたといわれている。女子であれば、その子が賢かろうとそうでなかろうと、番頭さんの中からもっとも賢い男性を選んで婿にすれば、家は安泰である。なまじ男子が生まれて、それが道楽者になったりしたら、家の将来が不安になってくる。

そういう場合はどうしたかというと、旗本とか御家人などの、武家の株を買い与えて、さっさと家から追い出してしまう。「これで財産分けは終わった。もう帰ってくるな」というわけである。

大坂の商家では、女系家族のほうが明らかに多かった。

忠臣蔵《ちゅうしんぐら》は時流に取り残された武士たちの喧嘩《けんか》騒ぎ

浅野《あさの》内匠頭《たくみのかみ》長矩《ながのり》が吉良《きら》上野介《こうずけのすけ》義央《よしなか》にいじめられて、最後に江戸城内の松之廊下で斬りつけることになるのだが、いまだに浅野がなぜ吉良に対して刃傷沙汰《にんじょうざた》におよんだのか、その理由がはっきりしていない。

その瞬間、浅野内匠頭はたった一言しか発していない。

「このあいだの遺恨《いこん》、おぼえたるか」

したがって、吉良上野介はどうして自分がこんな目にあったのかわからないまま、赤穂浪士《あこうろうし》に首を斬り落とされたのではないか、と思う。

なぜ浅野内匠頭は、吉良上野介を斬りつけたのか

浅野内匠頭は、突然カーッとなりやすい病気をもっていた可能性が高い。

彼は女好きで、遊びほうけていたとか、禁治産者に近かったといった説もある。

なぜそうなったのかというと、じつは城代家老の大石内蔵助良雄《おおいしくらのすけよしたか》もそうなのだが、父親が早く死ん

で、祖父に育てられたこと、つまり、おじいさんっ子だったことと関係があるのではないか。

どちらの祖父も英雄的存在で、大石の祖父・良欽《よしたか》は一代で筆頭家老となった人、浅野の祖父・内匠頭長直《ながなお》は、幕藩体制ができたあと、最後に城（赤穂城《あこうじょう》）をつくった人。そういう偉いおじいさんがいて、父親というクッションがなく、ダイレクトに育てられた人は、総じて悲運なところがあった。

そもそも、浅野内匠頭が勅使饗応役《ちょくしきょうおうやく》を仰せつかったとき、指南役の吉良がなにも教えてくれなかったというが、そのさいの料理については、室町時代からの形式を踏襲《とうしゅう》するだけなので、すべて前もってわかっていた。しかも、リハーサルもする。

だから、献立がどうで、なにがどれだけ必要かといったことも、改めて教えてもらう必要はない。

そのうえ、浅野内匠頭はそれまでにこの勅使饗応役を一度やっているのである。それを、わからなかったとか、吉良が教えてくれなかった、というのは完全な嘘で、そんな必要すらなかったのである。

この勅使饗応役については、誤解されているところが多い。

この役はべつに、配膳をするわけではない。料理をつくる専門家はちゃんと別にいて、饗応役はかかった費用を払わされるだけのこと。普請《ふしん》（土木工事）も参勤もそうだが、幕府の目的は諸大名が持っている金を、できるだけ吐き出させることにあった。

したがって、このことに関しては、浅野が殿中で吉良に斬りつけなければならないほどに、怒る理由はどこにもない。

助け船を出しても譲らず、将軍・綱吉《つなよし》の逆鱗《げきりん》に触れる

また、幕府のお裁きは片手落ちだった、とよくいわれるが、そうならないように、幕府の目付は事件のあと、浅野内匠頭に事情聴取を行っている。

しかもそのとき、取り調べ側は浅野家に配慮して、「あなたはどこか患っているから、こういうことをしたんじゃないですか？」と、助け船まで出しているのだ。

そこで「はい」と答えていれば、大名ではなくなったとしても、浅野家は旗本というかたちで残ったはずである。

殿中で斬り合いをしたとか、人を殺したという事件は、それまでもいくつか例がある。その結果はすべて両成敗《りようせいばい》の裁きになっている。

ところが、浅野内匠頭は最後まで、自分は精神的にも正常であり、信念をもってやったことだ、と言い張っているのである。これでは、幕府側も救いようがない。

加えて、報告を受けた五代将軍・徳川綱吉が激怒。切腹を命じることになるわけだが、このときに綱吉がとくに怒ったのには、それなりの理由があった。

綱吉にはマザコンの気があって、母親に言われて懸命に勉強したから将軍になれた、と自身で思い込んでいるところがあった。

その母親が天皇家から従《じゆ》一位という、女性にすれば最高の位をもらって、その勅使が京都からきたのが、今回のセレモニーである。その晴れの舞台となる殿中を、血で汚されたわけだから、怒るのも

当然だった。

それにしても、浅野は情けない。彼からすれば、吉良は武家貴族のご老体である。そのままばっさりやればいいものを、二度も斬りかかって、ちょっと傷を負わせただけで、通りかかった者に背後からはがい締めにされ、「お離しくだされ」とかなんとかやっているのだから、どうしようもない。

この不甲斐ない殿のために、四十六人（寺坂吉右衛門《てらさかきちえもん》は途中抜け）が死ななければならなかったというのは、じつにわけのわからない話というほかはない。

秘伝の塩の製法を教えてくれなかったからという説も

赤穂は塩の生産によって、財政的には裕福な藩だった。

一説には、やはり塩の産地である現在の愛知県西尾市吉良町を領有していた吉良上野介が、秘伝の塩の製法を教えてくれ、と言って、浅野が教えてくれなかったから、いじわるをしたとかいう説もあるが、当時の史料をいくら探っても、そんな話はどこからも出てこないし、塩の製法に秘伝などなく、そもそも立地の違うところで、同じような成果をあげることは難しい。

あるいは、賄賂《わいろ》が公然と認められていた時代だったが、浅野はそれをけちったとも考えられる。もともと女癖が悪く、自分が使う分にはいくらでも使うが、吉良上野介に渡す分を惜しんで、それで意思の疎通を欠いた可能性はある。

ただ、職務に関して、吉良がいじめたというのは、どのように考えてもありえない話であった。

「忠臣蔵」の英雄・大石内蔵助の驚くべき実像

大石内蔵助という人物も浅野内匠頭によく似て、まったく使いものにならない人物だった。まず、算数ができない。

このころ、赤穂藩を動かしていたのは、次席家老の大野九郎兵衛《おおのくろべえ》である。大野は一代かぎりでスカウトされ、仕官した人だが、塩田を開いて経済的に浅野家が立ちゆくようになったのは、彼の功績であった。

後世の人から、大野は仇討ちを逃げた、と非難されているが、一代契約だから、主君が切腹して死んでしまえば、契約はそこまで――。

会社のほうから契約をキャンセルされたわけだから、藩を去るのは当たり前である。

大石内蔵助は曽祖父の代からの筆頭家老を世襲しただけで、藩の財政は大野が仕切っていたため、大石にはとくにやることがなかった。歌舞伎の忠臣蔵に、お軽《かる》・勘平《かんぺい》の話が出てくるが、このお軽という女性は、大石内蔵助が囲っていた愛人だった。

主君亡きあと、京都の遊廓でどんちゃん騒ぎをして遊びほうけているが、あれはけっして吉良方や公儀の目をくらますためではなく、もともとそういうことの好きな人物だっただけのことである。

殿様も家老も同じようなタイプだったので、お互いよくわかりあえたのだろう。

大石家の長男の主税《ちから》は、内蔵助とともに本懐を遂げるが、次男の良以《よしもち》は仏門に入っている。途中、法律が改正されて、遺族は罰しないということになるが、すでに生まれていたということで、次男は出家せざるを得ず、つらい思いをした。

得をしたのは三男の良恭《よしやす》である。法律改正のあとで生まれたため、事件にはまったく関係がない。

これがのちに、広島藩に家老として迎えられる。芸州広島は浅野の本家であり、主君の仇を討ったということで、親と長兄の名誉をもっぱら、この良恭が受け継いだ格好である。

ところが、この良恭がまた、父親に輪をかけたようになにもできない。一説には、悪所通いがたたって鼻がもげたという挿話も伝わっている（もっとも、これは史実ではなさそうだ）。

仇討ちではなく、武士たちの喧嘩だったという理由

そもそも、のちに忠臣蔵とか赤穂義士とかいわれるようになった話を、仇討ちと考えるのは無理があるような気がする。あれは喧嘩だと考えれば、非常にわかりやすい。

ようするに、親分をとられたから、こちらも相手の親分をやらないと面子《メンツ》が立たない、そういう次元の話である。

そこで大石は、どうやったらもっとも効果的かを考えたのだと思う。数人で襲って、やり返されたのでは赤穂武士の名折れになる。やるからには、大勢をまとめて確実にやるべきだというのが、大石の結論だったのではないか。

だから、この話はそもそも武士道とは関係がない。むしろ、彼らは時代についていけなかった人た

ちの集まり、といったほうがよかったろう。

当時の吉良家には、上野介の実子・上杉綱憲《うえすぎつなのり》が気をつかって送り込んだ付け人はいたが、何百というほどの人数はいなかったし、警戒もしていない。そこを大挙して襲った、というのが実情である。

——赤穂浪士の事件の一年前に、長崎で次のような事件が起きている。

雪の中を行き合った二組があった。

一方は長崎勤番であった佐賀藩士が二人、もう一方は長崎町年寄・高木彦右衛門の中間・惣内《そうない》。それが、雪道で泥がはねたことから喧嘩になった。

その場は二対一だから、武士のほうが有利で、惣内をやっつけてしまう。彼は、

「覚えておけ。必ず仕返しに行くからな、待ってろ」

と言いながら、逃げていく。

二人の武士はなんと、現場でしばらく待っていた。が、日暮れになっても相手方はやってこない。しかたなく、屋敷に戻ったところ、その夜になって、町年寄の小者が仲間を連れて十人ばかりで屋敷に押しかけてきた。

そこで「先刻の二人、出てこい」と喚《わめ》くと、あろうことか、まわりがとめるのも聞かず、二階にいた二人は屋根から飛び下りて、喧嘩の相手になった。ところが、向こうは十人だから、今度は二人がこっぴどくやられてしまう。

すると、負けた二人は、すぐさま本国に早飛脚《はやびきやく》を送り、一族に招集をかけた。翌朝、一方の息子と

一方の家の郎党《ろうとう》が駆けつけてきて、今度は四人で長崎町年寄の役宅に向かった。

町年寄の役宅は、奉行所並みに警戒が厳重なので、なかなか四人は中に入れない。一方、外で騒ぎになっているのに驚いた町年寄は、長崎奉行所にいそぎ訴え出る。

長崎奉行所が佐賀藩の家老を呼んで、急遽、三者会談がもたれ、その結果、身分的に上の佐賀藩士に、町年寄の小者が殴りかかったのが悪い、ということになり、そこで小者を佐賀藩へ差し出すから、この騒ぎはなかったことにしてほしい、ということで、会談は決着をみる。

ところが、その結論を門前で騒いでいる四人に告げにいったところ、いつしか総勢は十二名となっており、彼らは納得しない。「これは、おれたちの喧嘩だ。藩の知ったことじゃない」と、いうことを聞かない。

一夜明けて門扉が開くと、十二人は番人を斬り、役宅に押し入ったのである。

ここで彼らがやったことは、赤穂浪士の討ち入りのときと、ほとんど同じであった。

襷《たすき》をかけ、中から門を閉め、町年寄の邸内にあった弓の弦《つる》を次々に切って、使い物にならないようにしている。

狙う相手は町年寄の中間・惣内一人だったが、役宅に居合わせたほとんどを皆殺しにしている（布団部屋に逃げ隠れて助かった者が二人いた）。

最初の佐賀藩士二人の首謀者は、終わったあと、切腹をしており、加勢した残りの人々は、二人の首を持ち帰り、自分たちも腹を切らせてほしい、と長崎奉行所に届け出をしている。

奉行所もそれを認めて、結局、佐賀側の残り十人全員が切腹した。

ここまでならまだよかったのだが、このあと国もとからさらに九人の武士がやってきて、長崎町奉行所に「自分たちも切腹させてくれ」と迫った。長崎奉行所が、そなたらは参加もしていないのに、どうして死にたがるのか、と尋ねると、喧嘩に参加するつもりだったが、遅れてしまった。そのことで面子が丸つぶれとなり、このままおめおめと国へ戻ったら、なにをいわれるかわからない。だから、死ぬしかないのだ、という。

奉行所はあきれたものの、切腹させる理由がないので、散々にもめたあげくに、その九人を五島へ遠島処分にしている。

時代の波に乗り遅れた武士たちの発想

こうした事件が、赤穂浪士の事件の、わずか一年前に起きている。私は双方に、非常に共通している部分があるように思った。

武士が泰平の世になって、経済官僚化する一方で、まだ戦国時代を背負いながら、新しい世の中の流れに乗れない人たちが暴れたり、武辺《ぶへん》に走るのが武士の一分＝面子だ、と思っている人たちがいて、世上は両極端に割れていた時代だったのだ。

赤穂の事件も結局のところ、大石内蔵助からしたら、殿様の喧嘩を受け継いだ、という発想ではなかったろうか。だから、かりに討ち入る前に吉良上野介が老齢で死んだとしたら、彼らは迷うことなくその孫にして養子の左兵衛を殺しにいったに違いない。

やくざの出入りと同じで、落とし前さえつけば、狙う相手はだれでもよかったのである。かわいそうなのは、なぜ自分が殺されたのか最後までわからないまま、四十七人がかりで首をとられた吉良上野介のほうである。

映画やドラマの討ち入りシーンで事実なのは、吉良が寝室から炭を置いてある部屋まで逃げたことぐらい。それも、用心のために改築してあったとか、部屋がべつにあったとかいう話ではなかった。

あまたある埋蔵金《まいぞうきん》伝説、大岡越前《おおおかえちぜん》も発掘に挑戦

埋蔵金伝説というのはいくつかあるが、古くは源 義経《みなもとのよしつね》にまつわるもので、郎党《ろうとう》（家来）が埋蔵金（砂金）を北海道の支笏湖《しこつこ》に近い恵庭《えにわ》に埋めた、という話がある。

あるいは奥州平泉の藤原秀衡《ふじわらのひでひら》が黄金（砂金）を埋めた、という話も伝わっている。

伝説は数多くあれども一度も発掘されていない

安土桃山時代の話としては、下総《しもうさ》（現・千葉県北部と茨城県南西部）の戦国武将・結城《ゆうき》晴朝《はるとも》の埋蔵金伝説がある。

この人物は、徳川家康《とくがわいえやす》の次男である秀康《ひでやす》の義父。秀康が豊臣秀吉《とよとみひでよし》の養子だったときに、自分の養女を嫁がせ、のちに秀康を養嗣子《ようしし》（跡継ぎ）として迎えている。たいそうな金持ちだったらしい。

長さ二尺（約六十センチ）の竹筒に金を流し込んだものを九十八万本、どこかに隠したという話が残っている。一本が二貫二百匁《もんめ》（約八・二五キログラム）というが、そうとうに嘘くさい。

元文《げんぶん》二年（一七三七）に、寺社奉行時代の大岡越前守忠相《ただすけ》が実際に埋蔵金の発掘を行っているが、

出てはこなかった。

あるいは尾張《おわり》（現・愛知県西部）出身で、越中《えっちゅう》（現・富山県）を領有した武将・佐々成政《さっさなりまさ》が、日本アルプスを横断したとき、百万両、いまの金額にして一千億円ぐらいに相当する大金を隠したのではないか、という伝説もある。

明治以降、何人もの人が発掘を試みたが、出たという話は聞いたことがない。

そのほかにも、山梨県に武田信玄《たけだしんげん》の黒川金山の話があったり、兵庫県には豊臣秀吉の多田銀山埋蔵金伝説があったり。秀吉の伝説では、なんと四億五千万両というとてつもない数字もある。

幕末では、榎本武揚《えのもとたけあき》が蝦夷地《えぞち》（現・北海道）に逃げたとき、軍艦・美賀保丸《みかほまる》が銚子《ちょうし》沖で沈んでいる。これは事実だが、その船に十八万両が積まれていて、それが沈んでいるという話があった。

徳川時代の埋蔵金伝説のすべてにいえることだが、かりに埋蔵金というものがあったとしても、それは「いざ鎌倉」のときに役立てるために隠しているわけだから、いつまでも残っているほうが、そもそもおかしい。

幕府は何度も「いざ鎌倉」を迎えていて、お金がなくて日光社参もできなかったり、京都にも行けなかったりしている。

そういう急場に対し、埋蔵金なるものが一度も使われた形跡がない。

幕末の多難なときでも、「お金があったら——」という局面はいくらでもあったのに、埋蔵金が出てきたという話は寡聞《かぶん》にして知らない。

埋蔵金があれば、財政破綻の幕府は使っていたはず

江戸幕府の最大の失敗は、国税を徴収していなかったこと。それぞれの藩に地方税として分配委託して、国を治めていた。

そのかわり、たとえば新潟の港に〝黒船〟がやってきても、「自分たちで撃ち払え。幕府は関知しない」という態度であった。

ところが、幕藩体制がインフレによって動揺し、藩政が行き詰まり、各藩とも破産状態におちいってしまう。

そこへ実際に、黒船がやってきたものだから、日本の国を守るためにはしかたなく、幕府は身銭を切らざるをえなくなった。

幕府のうかつさは、このときになって初めて、国税を徴収してこなかったことに気がついた点であった。

幕府は、天領《てんりょう》（直轄領）からの収益しかなかった。天領は日本全体の、石高の四分の一しかない。借金に次ぐ借金、あとは豪商たちに無理やり献金させ、それで旗本八万騎を養いながら、大奥も含め、幕府を運営していたのだから、財政学的にいえば、幕府はいずれ崩壊するしかなかったのである。

そんな状態なのだから、非常時のための準備金である埋蔵金があれば、とうに使っていたはずで、それが今日まで残っているとはとうてい考えられない。

埋蔵金にまつわる話がよく出てくるようになるのは明治以降で、これをネタにした詐欺《さぎ》まがいの行為がかなり横行し、それらしい古文書や古地図などが出回ったりしている。

しかし、文書や地図どおりに埋蔵金が発掘された例は、ただの一度もない。

ただ、ときどき工事現場から金貨が出てくる場合があった。

昭和四十九年（一九七四）に、北陸銀行大阪支店の工事現場から小判が九十六枚出てきたことがある。あるいは、昭和五十四年（一九七九）には、埼玉県深谷市の工事現場から、小判が四百八十九枚出てきた。

これらはおそらく、当時の商人が井戸にでも資金を隠したもので、その商人が死んでしまったあと、わからなくなったものではないか。ただ、その約五百枚にしても、すべては〝埋没金〟であり、伝説に出てくるような巨額の埋蔵金は、もとよりありえない話である。

藩財政を五年で再建した家老のホントとウソ

江戸時代に書かれた名作の一つに、『日暮硯《ひぐらしすずり》』がある。

著者ははっきりしないが、主人公は恩田木工《おんだもく》という実在の人物であった。

延享《えんきょう》三年（一七四六）、信州松代《まつしろ》藩、十万石の家老に抜擢《ばってき》されたこの人物が、どん底の状態にあった藩の財政を再建したという、きわめて感動的な物語である。

『日暮硯』に書かれた恩田木工への疑問

江戸時代中期は、どこの大名家も破産に近い状況に追い込まれていたが、恩田木工の前任者である田村半右衛門《たむらはんえもん》という人物は、とにかくお金さえ搾《しぼ》り取ればいいということで、領民への苛斂誅求《かれんちゅうきゅう》（年貢の厳しい取り立て）を徹底してやった。

ところが、その結果、不満を抱えた農民が決起して、一揆《いっき》が起こってしまった。

そこで松代藩は半右衛門を更迭、かわりに末席家老だった恩田木工を抜擢することになった。

このとき木工は、自分にはとうていつとまらない、と断ったが、藩主・真田幸弘《さなだゆきひろ》に呼び出され、じきじきに依頼を受ける。そのとき、木工はこう言ったという。

「国政をすべて私に任せる、との一札を書いてくださいませ」

さらに、妻子や親類に対しては、次の約束をとりつけた。

「虚言はいっさい使わない。食事はご飯と汁だけにする。衣類は木綿のほかは着ない」

それから、農民のおもだった人を城に呼び、苛斂誅求《かれんちゅうきゅう》を謝罪をしたうえで、これまで徴収した分は返しようがないが、未納分は免除すると明言した。

また、家臣に対しては、半知借上《はんちかりあげ》を廃止する。これは、家臣がもらう石高の半分を藩が借り上げること（藩士の収入を半分に下げること）だが、以後、それをやめると宣言した。

前任者の時代には、賄賂《わいろ》をとるなど、悪いことをする役人がいたが、その役人に対しても、報告書は上げさせるけれど、本人を糾弾することはせず、みずから悟らせるというやり方をして、藩の財政もしだいによくなり、また民も喜んだ、と『日暮硯』にはいいことずくめが書かれている。

木工の言っていることは、きわめて理想的で、五年もたたないうちに藩の財政を見事に再建したという物語だが、これを歴史学的に見た場合、ことごとくデタラメだった。

実際は借金は減っていなかった？

恩田木工という人物が存在したのは、たしかである。

しかし、彼が実際に財政再建に着手したのは、宝暦十二年（一七六二）に四十六歳で没するまでの五年間で、現実には、懸命に頑張ったわりには、この間、藩の借金はまったく減っていない。たとえば、木工が死んだ翌年には、藩は参勤交代の費用すら念出できない状態となっていた。五年で再建されたなら、このようなことはありえない。半知借上も、ずっとのちまで続いていた。ようするに、この『日暮硯』という本は、実在した人物に仮託した理想論を書いたものでしかないということである。なにしろ、積もりに積もった借り入れを減らす源泉がなかった。あるいは、暇をもてあましていた藩士が、面白半分に書いたのかもしれない。

ただ、この本には、役人と農民たちにとって、理想的な行政の姿が描かれているし、恩田木工が実在した人物であり、池波正太郎《いけなみしょうたろう》の小説（『真田騒動』）にも書かれたりしているため、いまでもこの本に描かれた藩政改革の話が、現実の出来事だと思い込んでいる人がかなり多いようだ。

この当時、諸藩が財政危機におちいったのは、幕藩体制そのものに矛盾があったからである。お金を中心にした経済に切り換えるべきところを、徳川家康《とくがわいえやす》が「自分の死後も制度を変えてはならない」と遺言して死んだため、農業中心、米を基本にした経済が続いてしまった。

しかし、米の収穫量は、穫れる年もあれば穫れない年もあって、けっして一定ではない。それによって価値が大きく変動する。

開拓して農地を新たにつくっていけば、米の収穫量は増えるが、米価は反対に下がっていく。

したがって、財政破綻は起こるべくして起こったことなのに、だれもその構造的矛盾を解決できなかったことが、最大の問題点だったのである。

初めての大飲み大会、大食い大会

いまも各地で行われている行事としての大酒飲み、大食い競争は、かなり昔から行われていた。実際にどれだけ飲んだかというのは不明だが、あちこちで行われていたという記録は残っている。

酒飲みトップは醤油も一升飲んだ

量まで明記された、現存する最古の記録は、文化《ぶんか》十二年（一八一五）十月二十一日のもの。だから、それほど古くはない。日光街道は千住の宿《しゅく》で、問屋《といや》の主人の還暦祝いが開かれ、ここで大酒飲み大会が催された。

宿場の入口に立てられた高札には、こんなことが書かれている。

「怒り上手や、ねだり上手、眠り上手や、泣き上手、理屈上手は入るべからず。終日、静かに乱れることなく、また行儀正しくあらざれば、酒を飲むことかなわず」

ここでは、五合、七合、一升、一升半、二升半、三升入りの六種類の盃が用意され、女性の挑戦者には女性のお酌《しゃく》がついた。

このとき、六十二歳の伊勢屋佐平（左兵衛）という人が、三升五合飲んだとある。それだけでなく、そのあとさらに酒一升、水を一升、醤油一升を飲んだという。

醤油といっても、当時のは今日のような濃いものではなかった。いまわれわれが使っている醤油を一升も飲んだら、間違いなく死んでしまうだろう。

女性のトップは菊屋のお澄という人で、二升五合飲んでいる。たいしたものだ。

食べることがファッションでもあった時代

食べ物に対して高額のお金を払うとか、あるいは異常なまでに関心を持つとか、おいしく味わうということから逸脱していくのが、江戸の文化・文政《ぶんせい》の時代である。

いまでも残る八百善《やおぜん》（現・割烹家八百善株式会社）は、江戸料理店として有名だが、江戸料理と京都料理の違いは、京都料理がたとえば栗ではないものを使って栗を表現するところを、江戸料理はそのまま栗が出てくるという点にあった。

つまり、江戸料理は素材をそのまま料理に出し、その素材にこだわって吟味《ぎんみ》する。

極端な例では、お茶漬け一杯に一両払ったという記録もあった。いまのお金にして、四万円ぐらいである。

極上のお茶を使い、しかも、そのお茶に合う水を、わざわざ玉川上水まで汲みにいったりしている。そういうことが粋だとか、通だとかいわれたのだが、頽廃的なグルメ文化としかいいようがない。

ところで、文化十四年（一八一七）の「大食い大会」の記録も残されている。これはかなり大きな大会だったようで、文豪の滝沢馬琴《たきざわばきん》も参加していた。

このときに用意されたのは、お酒、お菓子、ご飯、鰻《うなぎ》など。食べるものと、酒の組に分けたらしい。

このときは、六十八歳の堺屋忠蔵が三升入りの盃で三杯。鯉屋利兵衛は三升入りを六杯半飲んだが倒れ、目覚めてから茶碗で十七杯の水を飲んだという。

小石川の天堀屋七兵衛（七十三歳）は五升入りのドンブリ鉢で一杯半飲んだ。つまり、七升五合の酒を飲んで、そのあと湯島の聖堂まで歩いて帰り、土手で倒れた。だれにも気づかれず、翌朝の七つ時（午前四時ごろ）になって、自分で起き上がってそのまま自宅へ戻ったという。

本所の美濃屋儀兵衛は五合入りを十一杯飲んでから、江戸長唄を歌って、お茶を十四杯飲んだとか、ご飯を五十四杯食べたとか。

ようするに、食べ物の本来の目的である、おいしく味わうというところから脱線するほどに、物資が豊富だったということか。あるいは、食べることがファッションになるような、現代のバブル期と似たような様相を呈していたのは驚きである。

日本で一番いいかげんな僧侶

日本人の多くに親しまれている良寛《りょうかん》さんだが、私はこの人があまり好きになれない。というのも、良寛の生き方からは、前向きの姿勢がまったく感じられないからだ。むしろ、歴史上の人物としては、最低、最悪の人ではなかったか、とさえ思っている。

何をしてもものにならず、坊さんにもなりきれない

良寛が生まれたのは、宝暦《ほうれき》八年（一七五八）、越後国《えちごのくに》（現・新潟県）出雲崎《いずもざき》。佐渡《さど》で金が採掘されていた時代には、港としてとても繁栄していた。良寛はその橘屋《たちばな》という、米穀商の息子に生まれている。

父は山本以南《やまもといなん》という人で、この人は夫婦養子で山本家に入った。祖父の代には繁盛したが、良寛が生まれたころには、佐渡金山から金も出なくなっており、有力な競争相手も出てきたりして、橘屋は経営不振の状態だった。

良寛という人は、もともと性格的におかしなところがあって、父親に叱られたときに、父親の顔を

睨《にら》み返したら、「父や母を睨むようなやつは、カレイになる」と言われた。魚のカレイである。すると、良寛は海岸に行って、ずっとたたずんでいたという。自分がカレイになるのを待っていたのだろうか。

書物が好きだったので、十三歳で漢学塾へ行き、十六歳で名主の見習いになっている。ただ、どうも昼行灯《ひるあんどん》なところがあって、見習いなのに、もめごとの調停ができない。

たとえば、代官所と漁民がもめているときに、代官所では「漁民がこう言っていました」と発言し、漁民には「代官所はこう言っていた」と教えた。それらはことごとく、火に油を注ぐ結果になってしまった。

そこで、自分には向いていないと悟り、逃げるようにして十八歳のときに出家をする。光照寺という寺に入るのだが、坊さんになっても、悲しいかな、坊さんになりきれない。

二十二歳のとき、備中国《びっちゅうのくに》（現・岡山県西部）玉島《たましま》の円通寺の国仙和尚のもとで修行をするが、ここでも没頭できない。

たとえば、禅では黙ってただ座れと教えるのだが、なぜ座っていなければいけないのかとか、禅はなぜこういうことをするんだとか、いちいち上の人に質問をするし、理屈をこねてばかりいる。

十二年修行をしても、自分でもまわりに嫌われていることがわかるから、とても住職にはなれそうもない。

そこで三十三歳のおり、卒業証書のみもらって、寺を逃げ出してしまう。

西行法師《さいぎょう》のように歌を詠みながら生涯を送ろうと考えたが、彼がお手本にした西行は、もともと武士で所領を持っていた。兄弟が送金してくれるので、生涯お金に困っていない。

良寛にはそういうものがないにもかかわらず、西行を目指して四、五年、遊行《ゆぎょう》というか、あちらこちらをさまよい歩いた。

しかし、単なる行方不明で、結局のところはものにならない。

本来なら、出家してちゃんと修行をすれば、僧侶にしてもらえるのだが、それができない。それでも、小さい庵《いおり》を結ぶ権利＝卒業証書だけはどうにかもらっている。

実家が近いのに托鉢《たくはつ》をする不思議な坊さん

そうした中途半端な立場でいるときに、父親が京都の桂川で入水自殺をする。

どうも、この以南も俳句をたしなんでいたというが、良寛と同じような人だったようだ。というより、息子のほうが父親の性格を受け継いだのだろう。

禅を修行した者は生涯、故郷に帰ることを許されない、という教えが道元《どうげん》にあったが、良寛は三十九歳のころ、ふらふらと故郷へ帰ってくる。

顔は見られているし、地域の人間はみんな知っているのだが、実家には寄りつかない。しかし、托鉢僧みたいなことをしながら、その地に居ついてしまう。

すり鉢《ばち》一つを持って、それで足を洗い、味噌を擂《す》り、和《あ》え物をつくり、酒を飲み、顔も洗うというような生活をして、一般庶民から施《ほどこ》しを受けていたわけだから、こんないいかげんな坊さんはめったにいないのではあるまいか。

六十九歳で二十九歳のバツイチ（貞心尼《ていしんに》）に恋をし、その恋の顚末《てんまつ》を彼女がわざわざ手紙集にして刊行するのを認めている（『蓮《はちす》の露《つゆ》』）。

そして、天保《てんぽう》二年（一八三一）、七十四歳のとき、この世を去った。

辞世の句とみなされるものには、次のようにあった。

裏を見せ表を見せて散るもみじ

良寛は自由で、非常にストレスのない字を書き、書道の達人といわれているが、一生懸命働いている人間から見ると、どこがいいのかよくわからない。

それにしても良寛というのは不思議な人物で、彼のことが好きな人は、極端に好きというところがある。子どもたちと一緒に、霞《かすみ》立つ中で手まりをしたり、歌を歌ったりしたというところがいいというなら、いえないこともない。

社会に適応できず、酒が好き、たばこが好きで、いまならまさしく引きこもり、ホームレスの典型であろう。

第四幕

ときは幕末・維新・明治の時代

「ヨイショ」で数多くの人材を輩出した教育者

吉田松陰《よしだしょういん》が主宰した長州（現・山口県北西部）萩《はぎ》の松下村塾《しょうかそんじゅく》からは、さまざまな人物が輩出している。

彼のいいところは、そのへんの小僧や貧農の小倅《こせがれ》たちにも夢を与えたことだ。内閣総理大臣第一号の伊藤博文《いとうひろぶみ》など、その典型だった。

落ちこぼれ塾生でも徹底的にほめた吉田松陰

吉田松陰の教育法は独特で、塾生をまさに『水滸伝《すいこでん》』に出てくる英雄のごとくにほめたたえる。

たとえば、のちに萩の乱の首謀者となる前原一誠《まえばらいっせい》に対しては、「勇あり、智あり、誠実人にすぎる」と、ほめちぎっている。高杉晋作《たかすぎしんさく》にも、「おまえは陽頑（陽気で頑固）だが、十年後には必ず大成する」と言って、持ち上げた。

松陰の教育の基本は、「ヨイショ」――。

おっちょこちょいで、どうしようもない伊藤博文に対してすら、「周旋家《しゅうせんか》の才がある」。

つまり、交渉事役はピカ一だ、と評価したわけだ。

松下村塾では「三等六科」といって、学習意欲、態度、学力差、年齢差などを検討して、三段階、六科に区別して教育を行っていた。

吉田松陰の時代の門下生は九十二人を数えたという。

人柄《ひとがら》があらわれた名言「人間には四季がある」

じつは、松下村塾は吉田松陰がつくったものではなく、もともとは松陰の叔父の玉木文之進《たまきぶんのしん》が創設したものである。乃木希典《のぎまれすけ》を教育した人で、スパルタ式を徹底したことで知られている。

松陰が密航に失敗して、故郷に戻ってきたとき、その身柄をあずかって塾を任せた。

松陰時代の主要な門下生は三十人だが、そのうちの半分が獄死、あるいは討ち死にしている。

松陰は山鹿流《やまがりゅう》軍学の師範であった吉田家に養子として入り、十代で殿様の前で講義をしたという、まじめで優秀なエリート中のエリート。しかし、安政《あんせい》の大獄《たいごく》によって、三十歳で刑死してしまう。

このころの長州藩の藩主・毛利敬親《もうりたかちか》は、「そうせい侯」と称されたほど、自分からは意見を言わない人だった。家臣からなにか言われても、「そうせい、そうせい」で、イエスとしか言わない。家臣になめられていたため、長州は暴走したという説もあるほど。

松陰に対しても、すごく甘かった。脱藩しても、とくに罪を問うていない。むしろ、知らん顔をして許していたといっていい。

逆に、そういうところだから、松陰もみずからの信念を貫きとおすことができたともいえる。松陰は処刑される直前、「人間には四季がある」ということを述べている。

「自分は三十歳で処刑される。世の中の人間から見れば、三十で死ぬのはかわいそうだと思うかもしれない。しかし、三十には三十の四季がある。六十生きた者には、六十の四季がある。春夏秋冬、めぐってくる季節は同じだ。この四季をめぐってきた生き方に、自分は満足している。もし、それをかわいそうだと思ってくれるなら、どうか、みなさんが、ベストを尽くしてくれ」

これは、松陰の言葉として残っている中では、その人柄をしのばせる名言といえよう。

松下村塾のすばらしいところは、けっしてエリート教育ではなかったという点だ。その意味では、全国から優秀な人材が集まっていた大坂の適塾《てきじゅく》とは根本的に違う。

適塾は、正確には適々斎塾《てきてきさいじゅく》といって、蘭学の権威・緒方洪庵《おがたこうあん》が開いたもので、橋本左内《はしもとさない》、福沢諭吉《ふくざわゆきち》、大村益次郎《おおむらますじろう》、大鳥圭介《おおとりけいすけ》ら、幕末・維新期や明治に活躍した人たちが顔をそろえている。

そうした塾とは違って松下村塾は、山口や萩というかぎられた中からきた人々を、身分を問わずに教えた塾であった。

そこからあれだけの人材が輩出したということは、人材というのは、じつはどこにでもいるということ。問題は、それを見出し、教育することができる松陰のような先生が、ほとんどいないという点にあった。

勝家《かつ》四代は、按摩《あんま》さん—旗本—無頼漢《ぶらいかん》—伯爵

勝海舟《かつかいしゅう》は、いわずと知れた幕末・維新期に活躍した人物。

ところが、その父親である勝小吉《かつこきち》は、完全なる無頼の人だった。その父親が、手記を残している。『夢酔独言《むすいどくげん》』という。

その手記を、後世に残した理由がおもしろい。

「おれほどの馬鹿者は世の中にあんまりあるめえ。だから孫や曽孫のために話して聞かせるが、よくよく無法者、馬鹿者の戒《いまし》めにするがいいぜ」

つまり、おれのような人間になるな、ということを言いたくて、書きはじめたのである。

海舟の曽祖父は盲目の大金持ちだった

小吉は旗本の男谷《おたに》家の三男として生まれているが、その前史が、これまたじつにおもしろい。

小吉の祖父、つまり勝海舟の曽祖父にあたる人は盲目で、越後《えちご》で按摩を生業《なりわい》にしていた。

その人が志《こころざ》すことがあったのか、苦労し、無理に無理を重ねて江戸に出てきた。ところが、やっと

着いたところで、とある旗本屋敷の前で倒れてしまう。

当時の幕府の福祉行政というのは、現在より格段に進んでいて、たとえば旗本屋敷の前で人が行き倒れになったときに、それを知りながら放置し、結果的に死なせてしまったら、その旗本は処罰され、切腹を命じられたほどであった。

だから、自分の屋敷の前で倒れられたら、それこそ一大事。なにはともあれ、長屋（家臣の住む所）に担ぎ込んで手厚く介抱することになる。

一方、倒れた按摩さんは、介抱されているうちに、長屋で何人かがなにかやっているらしいことに気がつく。そこで、なにをやっているのかと聞くと、博打《ばくち》だと言う。当時の旗本屋敷は治外法権だから、町奉行所は踏み込めない。そのため人を集めては、博打が行われていた。

行き倒れの按摩さんは、ちょっとした小銭を持っていたのだが、それを少し貸してほしい、という者が現れ、つい貸してやった。

ここもまたおもしろいところなのだが、盲目の人が貸してやったお金は、江戸町奉行所がしっかり相手から回収してくれることになっていた。

これも、障害者に対する福祉政策の一環だったのである。

だから盲目の人が高利貸しをやったら、間違いなく成功した。なにしろ、回収率百パーセントだから確実である。

実際、勝海舟の曽祖父は、のちに水戸藩だけでも三万両を貸すまでの大金持ちになった。それも、すべては徳川幕府のおかげ。

余談だが、当時、参勤交代の大名行列を横切ったら、打ち首にされた。ところが、横切っても罪に問われない職業の人がいた。それは、医者と産婆さん。

ようするに、江戸幕府の行政の基本は、生命《いのち》第一主義。人の生命をあずかる人が、最優先なのである。すると、どこにでもひねくれた意地悪な人間はいるもので、わざと大名行列の前を横切る産婆さんが出た。むろん、いやがらせのためである。それも、何度も横切るため、そのつど行列が停止してしまう。迷惑このうえもないが、それでも大名側は文句を言えなかった。

一説によれば、行列の最前列で「下に、下に」とやっている奴《やっこ》さんは、そういう産婆がいないかを見張っていたのではないか、とさえいわれるくらい、当時、よくやられたらしい。

七歳で結婚、十四歳で家出した破天荒な父・小吉

ともあれ、そうした徹底した福祉行政のおかげで按摩さんは大金持ちになり、そのお金で長男に旗本の株を買ってやった。

それが、男谷という旗本の株で、按摩さんの長男が、小吉の父親というわけである。

株を買うというのは、わかりやすくいえば、持参金をつけたかたちにしてその家に入ること。養子で入るとか、名目はいろいろとあったようで、ようは、お金でその家の名跡《みょうせき》を買ったことになる。

大金持ちの按摩さんの次の代だから、小吉の父親の代にはまだ金があった。しかし、三男ではうだつがあがらないし、かといって、さすがに小吉にまで旗本の株を買ってはやれないから、そのかわりに御家人株《ごけにんかぶ》を買ってやった。

御家人はお目見以下《めみえいか》だが、それでも年俸をもらえた。父親は小吉に、それで自活しろということで買ってやったのが、小普請組《こぶしんぐみ》の勝家の株だった。

なお、「お目見」とは将軍に謁見《えつけん》できた人のことで、具体的には旗本のこと。その下の下級幕臣＝御家人を「お目見以下」と称した。

このときの勝家は、当主夫妻が死んだあとで、おばあさんと孫娘だけが残っている状態だった。その孫娘と結婚するかたちで、小吉は勝家を継ぐことになるのだが、それはなんと、小吉が七歳のときだった。

ところが、このおばあさんがひどく意地の悪い人で、小吉をやたらといじめる。最初はまだ男谷家で過ごしていたが、ころあいをみて勝家に入ると、とたんにいじめがはじまって、とうとうがまんできなくなった小吉は、十四歳のとき、七両をくすねて家出をしてしまった。

幕府の規則では、旗本や御家人の当主が、届け出なしに家を空けたら、その家はお取り潰しと決まっていた。少年といえども小吉は当主、無届けで家出をしたわけだから、当然、お取り潰しになるところを生き残ったのは、たんにバレなかっただけの話である。

家出をして東海道に出たけれども、行く当てもない。このさい、お伊勢参りでもしようかと歩いていくわけだが、着ているものを見れば、傍目《はため》には金持ちだとわかる。そのため、途中でゴマの蝿《はえ》（旅人を騙して金品を巻き上げる者・護摩《ごま》の灰《はい》とも）にやられて、所持金を奪われてしまった。「帰るに帰れんしな」などと言って、ホームレスをしながら東海道をうろちょろしていると、ある晩、崖《がけ》から転落してしまう。その結果、男性の大事なところをしたたか打って、三日三晩、その場で意識不明となった。

そこへ、たまたまやってきた漁師に助けられるのだが、その漁師が驚きながら言う。

「おまえ、ここでよく生きていたものだ。運の強い子や」

ようするに、このへんはオオカミが出没するところで、よく食われずにすんだ、というわけだ。漁師の家で介護してもらうが、打ったところが化膿《かのう》して、当分は歩くことができなかったという。

小吉と海舟の親子愛とおかしな共通点

なんの因果か、のちに小吉の息子の海舟も、子どものころ、犬に男子の大切なところを噛《か》まれるという災難にあっている。

通称を麟太郎《りんたろう》といったが、かなりひどくやられたようで、玉の中身が半分ぐらい飛び出していて、駆けつけた医者も、これはなにをしてもどうしようもない、とサジを投げるほどだった。

ところが小吉は刀を抜いて、いやがる医者を脅かしながら、強引に縫わせた。無頼漢、ごろつきみたいなものだから、そのくらいのことは平気でやる男だった。

治療をするか、それともここで死にたいか、と迫られてしかたがなく、医者は震えながら縫合《ほうごう》の治療を行った。

小吉には学問はなかったが、子に対する愛情は人一倍強かった。息子を助けたい一心で、近所の人たちから、「勝家の小吉はいよいよ狂った」などと言われながらも、水ごりまでしている。夜、水をかぶって自分の体を冷やし、冷やした体で子どもを抱いて熱を冷ましてやる。こういうことをやって、全治させているのである。

そうした経緯もあってか、海舟は維新政府で伯爵になったが、自分がどれだけ出世しても、この無学の父親のことが好きだった。そして、自分の息子にも、父親の名前から一文字をもらって、「小《こ》鹿《ろく》」という名をつけている。「鹿」は彼が尊敬した人物、山中鹿之《やまなかしかの》助《すけ》（鹿介）から拝借。

ただ、小鹿はアメリカに留学までしながら、父親の海舟より先に死んでいる。

――そんなわけで、海舟と父・小吉には、股間、男性の大事なところをしたたか打って、一時は死にかかったという、おかしな共通点があったという話。

小吉は嘉永《かえい》三年（一八五〇）、四十九歳でこの世を去っている。

当時、タテ社会における忠義とか信義は問われたけれど、友だちを大事にするとか、横のつながりについての論議はまったくなかった。そういう時代背景の中で、小吉は海舟に、「友だちを大事にせいよ」と教えたのだが、これはかなり珍しい。「友情」の日本史というものがあったら、小吉はトップにランクされたかもしれない。

大好物は鰻重《うなじゅう》だった明治維新のナンバーワン立役者

西郷隆盛《さいごうたかもり》という人については、比較的ワンパターンで語られることが多い。たいていの人は、西郷さんといえば、東京・上野公園の銅像を想像するだろう。そして、巨体で、統率力があって、人望があって、明治維新のときに活躍した……という印象だろう。

一度死にかけた経験が、西郷隆盛を大きくした

いかにも豪放磊落《ごうほうらいらく》のようにいわれる西郷さんも、三十一歳のときには人生に絶望し、月照《げっしょう》という坊さんと一緒に海に飛び込んで心中。坊さんのほうは死に、西郷は奇跡的に生き残っている。また、三十代のときに約四年半、島の生活を送っている。

このあたりの経緯は、知られているようで、案外、知られていない。

しかし、あまり語られていない、一度死にかけたという経験こそが、じつは西郷を卓越した人物と成しえたことの、大きな要因ではなかったろうか。

西郷とは幼なじみで、よく対比される大久保《おおくぼ》利通《としみち》との違いは、人は努力すれば大久保にはなれるが、どんなに努力をしても西郷さんにはなれない、という点だろう。その差は、死にかけたかどうかだと思う。

大久保は政治的に追い詰められたことはあるが、実際に死にかけたことはない。西郷は、いったんは意識不明におちいりながら、かろうじて息を吹き返した人なのである。

あまり語られることのない西郷の島での生活

西郷は二度、島での生活を余儀なくされた。最初は、安政《あんせい》の大獄《たいごく》を推進した幕府の大老・井伊直弼《いいなおすけ》に目をつけられ、藩命によって奄美大島《あまみおおしま》に身を隠したもの。

その発端は、安政《あんせい》五年（一八五八）七月、藩主・島津斉彬《しまづなりあきら》が急死したことだった。

これを西郷は、藩主の異母弟・久光《ひさみつ》による毒殺だと思っていたようだが、自分のような軽輩者《けいはいもの》が認められて御庭方《おにわかた》になれたのも、斉彬という名君がいたからこそだ、という気持ちが強かった。

彼が認められたのは、人間が正直でまっすぐ、加えてそろばんの達者だったからである。

やがて勤皇《きんのう》の志士との連絡係になったり、幕藩体制の改革運動にかかわっていくことになるのだが、もっとも敬愛していた斉彬が急死してしまったことで、一時は主君のあとを追って、その墓前で切腹しようとした。

ただ、このとき西郷は、まだ命じられた任務を終えていなかった。それを果たしてから死のうと思い返し、水戸まで書簡を届けている。

ところが、井伊の安政の大獄にひっかかり、幕府から追われる身になる。逃げるところもないので、国もとに帰ったところ、藩主が交代したあとで、ここでも自分の生命《いのち》が狙われていることを知る。ここで彼は前途に絶望し、どうせ殺されるなら自分から死のうと、これまた井伊から追われていた尊攘派の僧・月照と二人で、船から錦江湾《きんこうわん》（鹿児島湾）に身を投げて自殺をはかった。

このとき、船に引き上げられたが、月照は息を引き取り、西郷だけが蘇生《そせい》した。

ところが藩は、二人とも死んだことにして幕府に届け、生き残った西郷を奄美大島に隠してしまう。これが一回目の島での生活である。

一方、西郷の留守に頭角を現したのが盟友の大久保利通——藩主・斉彬の死後、その父・斉興《なりおき》に続いて、藩の実権を握った久光（斉彬の異母弟）に接近。「自分だけではなにもできないので、なにとぞ、西郷を戻してくださいませ」と久光に泣きつく。

久光は斉彬がお気に入りだった西郷を嫌っていたが、大久保の頼みではしかたがない。西郷を島から呼び戻す。

久光は西郷に、「おまえは絶対に動くなよ」と厳命するが、西郷はそれを無視して勝手に動く。

そのあげくに、久光に面と向かって、こんなことを言う始末。

「あなたは、じごろじゃございませんか」

「じごろ」とは、いわゆるヒモのことではなく、鹿児島弁で田舎者という意味である。

西郷は、斉彬は久光に殺されたと信じており、とにかく久光が気に入らない。

しかし、現藩主・島津忠義《しまづただよし》の父親で、「国父」といわれていた最高権力者に対し、「あんたは田舎もんだ」と言ったのだから、ただですむはずがなかった。

そんなこともあり、あまりにも独断的な動きをするので、また飛ばされることに。今度は徳之島《とくのしま》、そしてさらに、その先にある沖永良部島《おきのえらぶじま》へ、今回ははっきりした島流しである。

この二度の島暮らしで西郷が見たものは、島民たちの薩摩藩にいじめられた生活ぶりだった。

その中で日常生活を送りながら考えた結果、彼が得たものは、「命もいらず、名もいらず、官位も金もいらぬといった始末に困る人ならでは、艱難《かんなん》を共にして国家の大業はなしがたし」。

つまり、こういう人物でないと国政は任せられない、という結論にたどりついたのである。

ところが、薩摩藩をめぐる情勢が悪化、生麦《なまむぎ》事件が薩英戦争に発展するにおよんで、やはり西郷でないとどうにもならない、ということになり、鹿児島へ戻る。

出世してもにぎり飯弁当、好物は鰻《うなぎ》

その後、西郷が明治維新の立役者の一人となり、政府の中で最大の功労者となるのは、ご承知のとおりである。このとき、彼は四十二歳。賞典禄二千石、月給五百円を得て、なに不自由のない身となる。

ところが、ここで終わらないのが、西郷さんの傑物たる所以《ゆえん》だった。

西郷はいつも、にぎり飯に味噌を塗っただけの弁当を持参して、それを高級な弁当を食べているほ

かの政府高官たちの前で広げて、

「これ以上いいものを食ったら、死んでいった同志に申し訳がない」

とかなんとか、ぐちぐちと独り言を言いながら食べた。

これでは周囲の者たちも、いい気がするはずがない。

西郷は、明治維新までの道筋については、主君の島津斉彬から手ほどきを受けていた。しかし、倒した幕府のあとにどういう政府をつくったらいいのかについては、わかっていなかった。斉彬に聞いていなかったのだ。これが西郷の、最大の悲劇だったと思う。

大久保たちは欧米列強を視察してまわり、モデルを持ち帰っているが、西郷にはそれがない。そこで、もう自分の出る幕はないと判断、征韓論《せいかんろん》（武力をもって朝鮮を開国しようとする主張）で敗れたこともあって、明治六年（一八七三）、引退するつもりで鹿児島に引っ込んだのである。

このとき、西郷は鹿児島でよく鰻を食べに通った。

これは幕末のころからの有名な話だが、彼は用心棒を連れて歩くのが嫌いで、よく「寅」という名の犬を連れていた。この犬を祇園《ぎおん》の茶屋に上げて、鰻飯を食わせたという。

ところで、鰻料理の代表的メニューには鰻丼と鰻重があるが、この二つはどう違うのか。

鰻料理というのは、屋台で売られたのがはじまりである。最初は白《しら》焼きだったが、のちにたれをつけて、くし刺しで焼かれるようになって、これが蒲焼となる。

たれをつけて焼いた蒲焼は、焼きたてほどおいしい。そこで、屋台で買った蒲焼を、いかにして温かいまま持ち帰るかが重要課題となった。

当時、もっとも一般的だった保温法は、焼いたおからの上に鰻をのせるというもの。

ところが、大坂の劇場の支配人（異説あり）で大久保今助《おおくぼいますけ》という人が、炊きたてのご飯を丼に入れて持ってきて、「この上に鰻をのせてくれ」とやったのが、鰻丼のはじまりといわれている。

ご飯の温度で保温効果もいいし、たれがご飯にしみて、これがまたおいしい。

明治、大正時代ぐらいまでは、鰻丼というのは軽い食事で、鰻屋では鰻丼を注文する客は、絶対に二階へは上げなかった。

では、鰻重はというと、これはいわゆる料理屋というものができたあとに考案されたメニューである。

京の祇園の茶屋で出されていた鰻飯というのは、いまでいう鰻重のことだから、西郷は鰻丼ではなく、鰻重を食べていて、なんと自分の番犬にまで同じ鰻重を食べさせていた、ということになる。

ところで、彼が鰻重を食べさせた犬というのは、薩摩犬ではなく、当時は蘭犬と呼ばれた西洋犬だった。ポインターかセッターのような猟犬《りょうけん》の一種だったと思われるが、詳しい犬種はわかっていない。

オランダ渡来の犬という意味で、「蘭犬」と呼ばれていた。

大食漢《たいしょくかん》の最期は、意外にもスリムな体型？

とにかく西郷は鰻が好きで、鹿児島に引っ込んでからも、必ず食べに出かけていた。

もともと彼は鰻重のみならず、カステラであろうと、ぼた餅であろうと、なんでも食べた。あの巨体だから、大食漢であったことは間違いない。

鹿児島の言葉に「やしごろ」というのがあって、これは「意地汚い」という意味。

「自分はやしごろだからどうか許してくれ」

そう言いわけしながら、西郷はいろいろなものを食べたという話が残っている。

ただ、明治維新後の西郷には、自殺願望があった可能性が高い。

維新が達成されると、やることがなくなったため、ほとんど運動もせず、閉じこもりがちになる。世の中がおもしろくなく、食うだけ食って、「いっそ死んでやろう」という気持ちになっていたのかもしれない。

ところが、にわかに征韓論が脚光を浴びてくると、急に狩りなどをはじめたりして、よく走りまわるようになる。これは、体調のことを考えたからではないか。ドイツ人医師のベルツにも、下剤を調合してもらっている。

そうした成果で、彼が西南戦争に敗れて自刃《じじん》した明治十年（一八七七）ごろは、かなりスリムな体型になっていたかと思われる。

ちなみに、上野公園の西郷さんの銅像は、実物とはまったく違う。あれは、イタリア人のキヨソーネという人が描いた西郷の肖像＝エッチングをもとにして、高村光雲がつくったものだが、キヨソーネは西郷とは会っていない。弟の西郷従道《さいごうつぐみち》と従兄弟の大山巌《おおやまいわお》の顔を参考にして描いたものである。

上野の像の除幕式には、従道とともに西郷の妻が参列していたが、見た瞬間、「まったく似ていない」と言っている。そのとき、従道がこう言ってたしなめたという。

「お姉さん、そういうことを言うものじゃありません。みなさんが一生懸命つくってくれたんですから――」

西郷の妻が似ていない、と言ったのは、顔ではなく、その軽装であった、との説もある。

むしろ、鹿児島の鶴丸城にある軍服姿の西郷像のほうが、実物に近い、と思う鹿児島県人はいまも少なくない。

釜石《かまいし》に高炉をつくり製鉄日本の道を開いた盛岡藩士

日本で最初に鋳鉄《ちゅうてつ》の生産に成功したのは、盛岡藩南部《なんぶ》家の家臣・大島高任《おおしまたかとう》であった。

日本ではそれまでも、刀がつくられてきたくらいだから、砂鉄《さてつ》から鉄製品をつくることはできた。だが、鍛鉄《たんてつ》より硬い鉄をつくることはできなかった。

それを大島は、わずか七カ月間で洋式の高炉をつくることに成功したのである。

家臣の優れた才能に気づかなかった盛岡藩

文政《ぶんせい》九年（一八二六）、大島高任は奥州の貧しい盛岡藩の奥医者の家に生まれている。

盛岡藩というのはあまり民衆のことを考えなかった藩のようで、人が人を食ったとか、何十村もつぶれたという大飢饉《だいききん》のときでも、盛岡藩士には一人も死んだ者がいなかった。

つまり、領民のために死んだ藩士が、一人もいなかったということになる。

代官というのは、生命《いのち》がけで領民のために尽くす。悪代官というのは、少なくとも直参旗本からは出ていない。それは、代官に基準があって、心が豊かでやさしく、領民のことを最優先する、「仁」

のある人間でないと選ばれなかったからである。

領民のために生命をかけて、最後は責任をとって腹を切った代官は、江戸時代、たくさんいた。そういう人は尊崇《そんすう》され、大明神などとして、村の鎮守《ちんじゅ》や祠《ほこら》に祀《まつ》られている。

大島の父親は時勢の読める人で、息子に対し、オランダ語と蘭学の勉強をするよう、しきりに叱咤《しった》激励《げきれい》した。十七歳のときに、藩から蘭学留学を許されて、江戸に出ている。二十一歳のころには、さらに長崎に留学、上野《うえの》俊之丞《としのじょう》の塾生となっている。

ここで彼はアヘン戦争の実情を知り、国を守るには軍艦や鉄砲が必要と考えて、勉強の対象を兵学や精錬《せいれん》術に絞っていく。

当時の日本には、軍艦や大砲に使用できる鉄を生産する技術がなかった。もちろん、日本語の手引き書もない。そういう分野を研究しようとしたら、ヨーロッパの原書を入手し、それを自分で翻訳しながら読んでいくしかなかった。

そこで『ロイク（リエージュ）国立鉄製大砲鋳造《ちゅうぞう》所における鋳造法』を独力で完訳、その知識により、きわめて短期間のうちに高島秋帆《たかしましゅうはん》が創始した西洋流砲術の免許皆伝を取得。大島は郡山《こおりやま》藩（現・奈良県大和郡山市）からの依頼で、大砲を製造、撃ち方まで伝授している。

ところが、肝心の盛岡藩は彼の逸材ぶりを認識することができず、国もとに呼び戻して、御鉄砲方に任じた。

そのころ、佐賀藩や薩摩藩では反射炉がつくられ、すでに大砲の時代に動いていた。

皮肉なことに、大島の才能に目をつけたのは他藩だった。

嘉永《かえい》六年（一八五三）、二十八歳のとき、水戸藩の徳川斉昭《とくがわなりあき》から招かれて、安政《あんせい》二年（一八五五）に那珂湊《なかみなと》に反射炉《はんしゃろ》を築き、大砲の製造に成功している。

その才能を高く評価した水戸藩は、盛岡藩に対して、大島を藩士として正式にもらい受けたい、と申し出た。すると、なんと南部のお殿様はあっさり、これを了承してしまうのである。

そこで水戸藩が、大島本人にじきじきに移籍の要請をすると、

「私は先祖代々二百年にわたって盛岡藩にお世話になってきました。そのようなことはできません」

そう言って、はっきりと断っている。家臣のほうがよっぽど、筋が通っていた。

水戸から提示された額は三百石だったというが、もしここで大島が水戸藩に移籍していたら、鉄の都・釜石は存在しなかっただろう。

日本で初めて鋳鉄の生産に成功

ところで、そのころ、反射炉で製造された大砲は、試射のたびに爆発事故を起こすことが多かった。反射炉で製造した銑鉄《せんてつ》では、強度が不足して、実用には耐えられなかったのである。

そこで、どうしても鉄鉱石を溶解できる洋式の高炉が必要とされたが、まだ日本には存在していなかった。

そこで大島は、地元の豪商の援助を受け、原書を頼りに、安政四年（一八五七）、釜石大橋の地で高炉を完成させ、日本で初めて鋳鉄の生産に成功するのである。この高炉は、地名にちなんで、大橋高炉と呼ばれた。

この大橋高炉に初めて火がともったのは、十二月一日。いま、「鉄の日」として記念されている。

大島高任という人は、これだけで終わるような人ではなかった。文久《ぶんきゅう》二年（一八六二）には幕府の命で蝦夷地《えぞち》（現・北海道）に渡り、箱館《はこだて》（現・函館）に炭鉱開発のため抗師学校を創設している。

さらに、地元の盛岡に物産学、物理学、医学などを教える日新堂を創設。盛岡生まれの若き新渡戸《にとべ》稲造《いなぞう》も、この学校に学んでいる。

大島はその後、岩倉遣欧使節団《いわくらけんおうしせつだん》にも参加して、のちには日本鉱業会の初代会長に就任している。晩年もなお新しいことに取り組み、栃木県の那須《なす》でぶどう園を開設。明治三十年（一八九七）には、ワインの大量国産化にも成功している。

明治三十四年（一九〇一）三月、永眠。享年は七十六であった。

新撰組《しんせんぐみ》で唯一まともな武士だった男の異常な殺され方

芹沢鴨《せりざわかも》とはなかなかいい名前だと思うのだが、この人、どうもいま一つ人気がない。

芹沢は、新撰組が京都で壬生浪士組《みぶろうしぐみ》といわれたころの筆頭局長だが、謎の多い人物で、その行動の実態もよくわかっていない。

女好きの神道無念流《しんとうむねんりゅう》の達人

たとえば、彼がたくさん人を斬ったという宝珠岬《ほうじゅばな》事件も、たしかな記録がなく、実際にあった事件かどうかも定かではなかった。

ただ、この人のことでわかっているのは、神道無念流の達人だったということと、非常に女性が好きだったということ。これは間違いないようだ。

また、裕福な家に育ったこともわかっている。常陸国《ひたちのくに》（現・茨城県）行方《なめがた》郡芹沢村の名門のお坊ちゃん。そして、まだ少年のころに、三人の女性を同時にはらませたという。

学問や剣を学ばなければならない時期に、女性を追いかけまわしては、親や親戚を困惑させていた。

自分のいうことをきかない女性をぶった斬ったとか、そんな噂もある。

天狗党の運動に参加し、豪農らを相手にかなり強引な資金集めをしたようだが、藩の方針が転換したことから弾圧を受け、入獄もしている。

芹沢は、清河八郎《きよかわはちろう》と出会うことによって浪士組の結成に動くわけだが、とにかく悪いことばかりやっていたようにいわれている。

ただ、おもしろいことに、浪士組の中ではまともな武士は、芹沢鴨だけなのである。

浪士組を会津藩お預かりにするためには、だれかが交渉しなければならない。しかし、武士としての作法とかマナーがわかるのは芹沢だけだった。近藤勇《こんどういさみ》や土方歳三《ひじかたとしぞう》は、もとは武蔵国《むさしのくに》多摩の農民の出だから、そんなむずかしいことはわからない。それで、認可が下りるまでは近藤らも一応、芹沢を立てていた。

その芹沢は近藤たちを見下しているから、思うままに振る舞い、ついやりすぎてしまった。いろいろな狼藉《ろうぜき》行為をしたといわれているが、ただ、確証のとれる事件はそれほどない。

たとえば、大坂で小野川部屋の力士と乱闘事件を起こしているが、このときも芹沢一派だけではなく、近藤一派の山南敬助《やまなみけいすけ》、沖田総司《おきたそうじ》、斎藤一《さいとうはじめ》、永倉新八《ながくらしんぱち》らも乱闘に加わっていた。だから、必ずしも組が真っ二つに割れていたわけでもないような気がする。

ただ、芹沢は浪士組の隊費を寄付させるため、ほとんどゆすりに近いようなことをやりはじめた。それがよほど目にあまったため、会津藩から苦情がきた。芹沢をなんとかしろといわれて、近藤一派が始末したのではないか。
——その殺され方が、なんとも異常である。

首の皮一枚だけ残して惨殺される

島原遊廓の角屋で宴会をしていたとき、そこに参加していた芹沢が酩酊《めいてい》したまま、腹心の平山五郎《ひらやまごろう》と中座する。そして芹沢が当時、居候《いそうろう》を決め込んでいた八木邸に戻ってきて、愛妾《あいしょう》と飲みなおす。酔っぱらって、寝るために愛人とともに寝所に入ったところに、突然、刺客団が乱入してきて、首の皮一枚だけ残して芹沢は、叩き斬られてしまう。しかも、妾と、同行していた平山も斬殺され、首と胴が切り離されていたという。

刺客は沖田、永倉、斎藤あたりで、差し向けたのが近藤であることは間違いない。酔っているところを、複数で闇討ちにしたというのは、まともでは勝ち目がないからで、芹沢がよほどの剣のつかい手だった証拠であろう。

しかも、この夜、八木邸は残暑をしのぐために戸締りをしていなかったというが、旧暦の九月十八日、いまの暦では十月三十日である。残暑を理由に戸締りしなかった、というのは信じがたい。木戸も開いていたというのだから、内通者がいたとしか考えられず、それは八木為三郎《やぎためさぶろう》の母親しかありえなかった。

ただ、芹沢暗殺の状況は、ほとんど子母沢寛《しもざわかん》の小説（『新選組始末記』『新選組異聞』）によるところが多く、しかも、かなりの部分、作者の創作が混入している。芹沢個人についても、そうとうに創作が入っているように思われる。

近藤勇たちは立場上、芹沢鴨が悪かった、と自分たちの正当性を強調したが、実際のところはわからない。

この暗殺が起きたころは、まだ新撰組は正式に認知されておらず、壬生浪士組が勝手に、京に居すわっているというかたちだから、幕府や会津藩からは一銭もお金は出ていない。

池田屋騒動で勤皇《きんのう》の志士を斬って認められ、以後、急激に旗本化するわけで、当時はまだろくに生活もできないときに、ゆすりたかりをしてお金を獲得してきた芹沢のおこぼれを、近藤らもしっかりと頂戴していたはずである。それを、豪商たちから金をふんだくるということをしたからといって、近藤らが芹沢だけを悪くいうのはおかしい。

壬生浪士組だったころ、近藤などはお金を送ってほしい、としきりに実家へ無心をしているが、実際に豪農だった実家からの仕送りで、食べていた状態である。

しかも、「いつまで送り続けなければならないのか」という実家からの不満の手紙も残っているくらいだから、生活費の調達にはそうとう苦労していたはずだ。

そうした事情から、伝えられている芹沢、あるいは新撰組そのものの話も、かなり脚色されたものではないかと思われる。芹沢が女癖が悪かったというのは事実だが、当時はみなさんご同様で、近藤勇にしても、関係があった女性の名前が十二、三人はあがっている。

江戸の「おまわり」新徴組《しんちょうぐみ》が幕府を瓦解《がかい》させた

京都で新撰組《しんせんぐみ》が暴れていたころ、江戸では、やはり浪士によって組織された新徴組が活躍していた。新撰組と新徴組は兄弟のような関係だが、新撰組は京都守護職を務める会津藩の松平容保《まつだいらかたもり》に預けられ、一方の新徴組が預けられたのは、庄内藩（現・山形県鶴岡市）酒井家。こちらは江戸市中の警備を任務としていた。

ところが、新徴組には庄内藩士も含まれ、彼らは東北弁なので、江戸の人たちにはなにを言っているのかよくわからないため、あまり好感をもたれなかった。田舎者として、逆にからかわれたりしている。

討幕派の挑発に乗ってしまい、鳥羽《とば》・伏見《ふしみ》の戦《たたか》いへ

このころ、薩摩系の浪士が、江戸のあちこちで金品を強奪し、婦女子を暴行。開きなおって、「文句があるなら三田の薩摩屋敷にこい」と言って立ち去っていく、俗にいう〝御用盗〟事件を引き起こしていた。

この目的は、幕府への挑発である。

これがあまりにもひどいので、なんとかしてほしい、といわれていたが、新徴組も政局を睨んでがまんをしていた。ところが、今度は組の屯所《とんしょ》にまで火をつけられる始末。

これに頭にきた新徴組は、ついに薩摩藩邸に大砲を撃ち込み、焼き討ちを仕掛けてしまった。

まんまと討幕派の挑発に、乗ってしまったのである。

この話が三日ぐらいで東海道を走って京・大坂へ届き、鳥羽・伏見の戦いの引き金を引くことになった。

時勢はそのまま、戊辰《ぼしん》戦争に突入していく。

その意味では、新徴組が江戸幕府崩壊のきっかけをつくったようなものである。

ちなみに、警察官のことを「おまわりさん」というが、この言葉はじつは、新徴組から出ていた。

新徴組の「市中御見回《おんみまわ》り」の「御見回り」から、「おまわり」が生まれた。

それ以外に、この新徴組がなにか後世に残したか、と考えても、なに一つ浮かんでこない。

日本の初代総理大臣は三流でも一流になれる証明

伊藤博文《いとうひろぶみ》はわが国の初代総理大臣をつとめた人だが、人物的には、箸にも棒にもかからないという表現がぴったりの、三流の人間でしかなかった。

ただし、三流の人間でも、環境しだいでは一流になれる可能性がある——。

そういうことを学ばせてくれたのが、伊藤博文その人だったのではないだろうか。

親分について行ったら、自分がトップに

伊藤は周防国《すおうのくに》（現・山口県東南部）の貧農の家の生まれで、吉田松陰《よしだしょういん》の松下村塾《しょうかそんじゅく》に学んだというのが、唯一の学歴。

しかし、これこそが、彼が社会に出るための手品のタネだった。

おっちょこちょいで、人の尻馬に乗りやすく、深慮がない。

文久二年《ぶんきゅう》（一八六二）、人が冗談半分に言ったことを真に受けて、イギリス公使館を焼き討ちした——極端な言い方をすれば、三流テロリストから総理大臣になったような人物であった。

松下村塾に学んだおかげで、高杉晋作《たかすぎしんさく》にかわいがられたし、先生である吉田松陰の紹介で、桂小五郎《かつらこごろう》（のち木戸孝允《きどたかよし》）にもめぐり会えた。

そして、目先はきいたらしく、これからは英語の時代だということで、幕末のわずかな時期にイギリスへ留学をしている。ただ、本人は留学したことをしきりと自慢しているが、五月に横浜を出て、翌年の五月にはすでに帰国している。往復に多くの時間がかかった当時の船旅のことを考えると、イギリスにはほとんどいなかったことになる。

自分の派閥のボスである木戸孝允が、いまでいう躁うつ病にかかり、将来の見込みがないと悟ると、さっさと薩摩閥の大久保利通《おおくぼとしみち》に乗りかえた。

そういうことを、平気でやれる人物でもあった。

親分を見る目はあり、その親分のしっぽにぶら下がって走っていったら、いつしか自分がトップになっていた。

彼のライバルであった山県有朋《やまがたありとも》にも、同じことがいえる。

最初は高杉晋作という、天才のうしろについて走っていた。その高杉が若くして死んだあとは、大村益次郎《おおむらますじろう》という知謀の人のうしろについて走った。そして、大村が暗殺されたら、自分が軍部を掌握《しょうあく》する地位にのぼっていたというわけだ。

晩年の講演に見られる異様な変貌ぶり

伊藤は権力志向が強く、金権体質で、女性問題も派手、政治家としてもっとも悪いモデルに属するタイプの人間だったと思う。

ただ、追い詰められたら人間は、だれしも変わるもので、運に恵まれただけで、国家の宰相になったような伊藤も、晩年はかなりまともなことを言うようになった。

日清・日露の戦争に連勝して、有頂天となっていた日本人に対して、彼は「大和民族の将来」という一文の中で、次のように述べている。

それにつけても寒心に堪えないのは、日本国民の態度だ。（中略）人類盛衰の原則以外に立っている一種特別の人種のごとく心得、他国の正統なる権利と利益とを無視して、傍若無人の行為に出るならば国を誤るは火を見るより明らかである。（中略）史を繙《ひもと》いて盛衰の跡を見るに、国家の滅びるのは、他がこれを滅ぼすのではなく、概《おおむ》ね躬《み》自《ず》からこれを滅ぼすものだ。

あとからふりかえると、こういったまともなことを、もっとも似つかわしくない人が、平然と言っているのだから、歴史はおもしろい。

やはり歴史＝環境が、人物をつくるのは間違いなさそうだ。

大久保利通《おおくぼとしみち》に敗れた最初の警視総監の無念

首都・東京の治安を守る警視庁（当時の名称は東京警視庁）が創設されたのは明治七年（一八七四）のことだが、では、初代の警視総監はだれかご存じだろうか。

当時は「大警視」と称したが、川路利良《かわじとしよし》という人物である。

川路は、薩摩（現・鹿児島県西部）に生まれ、大久保利通の部下として大きな業績をあげた。

しかし、〝幻の〟という形容詞つきであれば、警視総監第一号というべき人物は、ほかにも存在した。島本仲道《しまもとなかみち》である。

相手を追い詰める敏腕警視総監・島本仲道

天保《てんぽう》四年（一八三三）、土佐藩の身分の低い家に生まれた島本は、土佐勤王党に属したが、同党が藩に弾圧され、終身禁固の刑を受け、獄中生活を余儀なくされた。

明治維新を目前に禁固刑を解かれ、地方官を歴任したのち、東京府権少参事に任官。

「仲道あり、天下恐るるに足るものなし」

と、ときの司法卿・江藤新平《えとうしんぺい》（佐賀出身）をしていわしめた硬骨漢《こうこつかん》で、江藤に信任厚遇され、司法省内に新設された「警保寮《けいほ》」の、初代の責任者である警保頭に任じられた。

この警保寮が警視庁の前身であるから、島本こそ警視総監の第一号といえなくもない。

当時、政府内では長州藩閥による贈収賄事件がいくつか起こっていたが、その捜査のほとんどを指揮したのが、この島本であった。

たとえば明治五年（一八七二）に発生した山城屋《やましろや》事件は、軍幹部と業者の癒着《ゆちやく》がらみの汚職事件であり、具体的には陸軍を統轄していた長州出身の山県有朋《やまがたありとも》らが、陸軍御用達の業者である山城屋和助《わすけ》に、多額の軍の資金を横流しして貸しつけ、金銭的な見返りを受けていた。

山城屋はそれを増やそうと運用したが、結果的に大穴をあけてしまった。それがばれて、司法省から追及されることになったわけだ。

山城屋はこの窮状《きゆうじよう》をなんとかしようとしてフランスに渡ったが、帰国命令が出て失敗に終わる。にっちもさっちもいかなくなった山城屋は、陸軍省の施設内で割腹自殺して果てた。

山城屋和助の死によって、この事件の真相はうやむやになってしまったが、捜査にあたった島本はかなり深くまで食い込み、長州閥を追い詰めていた。

それによって山県有朋は、政治生命が絶たれるのみならず、自殺するしかないという寸前のところまで追い込まれたほどだった。

ところが、明治六年（一八七三）にいたって、突如、征韓論争《せいかんろんそう》が起こる。

このとき、大久保《おおくぼ》利通《としみち》と西郷隆盛《さいごうたかもり》が対立し、征韓論の西郷側についた江藤新平が野《や》に下ったため、その配下の島本も、捜査半ばにして政府の仕事から離れることになった。そのため、彼の在任は一年二カ月と記録される。

初の警視総監は、弁護士の先駆けでもあった

その後も、島本は興味深い人生を送っていた。

明治七年（一八七五）春、いったん故郷の高知へ戻ったあと、大阪に出て、代言人の事務所を開設しているのだ。

いまでいう弁護士事務所で、弁護士の先駆けもじつは、この島本だったのである。

さらに彼は、同じ土佐藩出身で征韓派だった板垣退助《いたがきたいすけ》らが唱導する自由民権運動にも邁進《まいしん》したが、政府にとって危険な人物とみなされ、保安条例により、東京より三里（十二キロ）以遠の地に退去を命じられ、山梨に隠棲することになる。

皮肉なことに、警視総監第一号ともいえる人物が、政治犯として首都から追われることになった。

その後、明治二十二年（一八八九）、大日本帝国憲法の発布にともなう大赦によって、島本は帰京を許されたが、明治二十六年（一八九三）正月、病気と貧困の中でこの世を去っている。

征韓論をめぐる時代の権力抗争に負けた

島本によって長州閥が追い詰められていたときに、もう一人、追い詰められていた人物がいた。薩摩出身の大久保利通である。

征韓論争が起きたころ、大久保は岩倉遣欧使節団《いわくらけんおうしせつだん》の一員として、木戸孝允《きどたかよし》、伊藤博文《いとうひろぶみ》らとともに外遊していた。ところが、二年にわたる欧米視察から帰国してみると、政府の実権は江藤新平に握られていた。

国家経営に対する大久保の考え方は「有司専制《ゆうしせんせい》」——つまり、よりすぐられた人間が、しばらく国家を動かし、ある程度、民度が上がったところで、あとは国民に任せるというものだった。

一方の江藤は、最初に完璧な法体系を確立しておけば、法の下に四民平等の近代国家が実現できる、という考え方だった。

政府内でこの二つの潮流がしのぎを削っていたのだが、大久保らが帰国すると、大勢はすっかり江藤の考え方に引っ張られていた。

ここで江藤をつぶさないことには、自らの「富国強兵」「殖産興業」のビジョン=有司専制を、実現することが叶わない、と焦った大久保は、追い詰められた長州勢と組むことで、江藤の追い落としをはかった。

大久保らは、江藤の征韓論を叩くことで反撃を開始する。

その意味では、征韓論争は大久保、木戸、伊藤らと江藤との、権力闘争だったともいえる。

西郷隆盛の征韓論については、こんな説もある。

遣欧使節団が欧米諸国を視察していたころ、政府の留守居を任された西郷にとって、武士の時代が終わったあと、戦争することしか使い道がない士族をどうするか、という大きな問題が残った。

そこで、武力で朝鮮に開国を迫るという征韓論を唱え、彼らを海外に派遣することで、その始末を一挙につけようとした、というのである。

西郷には、なんでも自分が出ていきさえすれば話がつく、との思い込みがあった。事実、江戸無血開城のとき、勝海舟《かつかいしゅう》と会談することによって江戸を戦火から救っている。征韓論のときも、自分が出ていけさえすれば、朝鮮は説得を容《い》れて開国するものと、楽観視していたようだ。

それに対して大久保は、万が一、相手側に拒絶されたら、面子《メンツ》の問題もある。戦争に発展するかもしれない、とそのあとのことを心配していた。

こうした考え方の違いから、幼なじみだった両者の対立が決定的になったといわれている。

ただ、西郷が政府内で征韓論を主張したのは、わずかに一度だけ、あとは会議にも出席せず、代わりとなって強硬に主張していたのは、西郷の意を体した江藤だった。

結局、征韓論は敗れ、政治の実権は大久保の手に渡るわけだが、彼にとっての誤算は、このときに西郷が下野し、薩摩に帰ってしまったことだった。

当然、江藤も下野し、故郷の佐賀に帰って、佐賀の乱を起こす。これは政府軍によって短期間のうちに鎮圧されたが、大久保にとっての心配は、故郷の鹿児島に帰った西郷とその一派の動静だった。

そこで、大警視・川路が暗躍し、西郷とその一派が決起せざるをえないような状況を醸成した、との見方も出てくるわけである。

山県有朋は長州閥における陸軍を代表する人物だったが、それまでは陸軍も海軍も基本的には薩摩が主力だった。長州は幕末の戦争でたくさんの人間を失っていたため、人材的に払底していた。

ところが、西郷が野に下ったことで、薩摩系の人間が中央から半分姿を消し、気がついたら陸軍は、長州系が主流となっていた。

こうして、陸軍が長州、海軍が薩摩という藩閥ができあがっていった。

こうした政府内の権力抗争の中で、江藤といううしろ楯《だて》を失った島本は、野に下ったわけだが、もし彼がなお政府に残って活躍していたら、さぞかしめざましい業績をあげたのではなかろうか。

否、藩閥政治の中で抹殺された可能性のほうが、はるかに高かったようにも思われる。

初めての欧米使節団が味わった絶望感

明治四年（一八七一）、欧米諸国を視察するため、明治新政府より派遣された岩倉遣欧使節団《いわくらけんおうしせつだん》の当初の予定は、全日程で十カ月ほどだった。

このとき、特命全権大使の岩倉具視《いわくらともみ》が四十七歳、副使の大久保利通《おおくぼとしみち》が四十二歳、木戸孝允《きどたかよし》が三十九歳、伊藤博文《いとうひろぶみ》が三十一歳。

ところが実際には、一年十カ月、倍以上の長期に及ぶ海外視察になってしまった。なぜこうなったかといえば、伊藤博文の調子のよさが原因だった。

英語も通じず、何も売るものがない使節団

使節団の幹部の中で、多少なりとも英語ができたのは伊藤博文だけだった。その彼が、イギリスに行った機会に、条約改正ができそうだ、という見込みを口にした。

ほかの人たちも、それならばということで、そのために急遽《きゅうきょ》、伊藤と大久保が帰国することになった。というのも、出発のおりには、まさか幕末に結ばれた不平等条約がこの時点で、改正できるなどとは考えておらず、交渉するための、天皇からの委任状を持参していなかったからである。

それをもらうための往復に二カ月、委任状をもらうのに国内で二カ月かかって、ようやくイギリスに戻ってきたら、なんと現地ではサマータイムに入っていて、ときのビクトリア女王がいない。避暑地に行っていたために、会うことができなかった。それでは、と待つことになった。

やっと謁見《えつけん》できたのが十一月五日、そのため、行程がすべてずれて、倍以上になってしまったのである。

ところが、これほど苦労したにもかかわらず、条約改正はならなかった。原因は、伊藤の英語がほとんど通用しなかったからだ。

もっと早くに、そのいいかげんさに気づいておくべきであった。

たとえばアメリカに渡ったとき、ワシントンで喉が渇いたというので、伊藤が砂糖水を頼んだ。「シュガーウォーター」と言ったら、メイドが葉巻とバターを持ってきた。「シガー・アンド・バター」と聞こえたらしい。そんな笑い話のようなエピソードも残っている。

とにかく、一行の国際センスは絶望的であった。

フォークとナイフの使い方がわからなかったり、じゅうたんが敷いてあるところで靴を脱ごうとしたり、大きなカルチャーショックを受けながら、彼らは欧米視察を続けていった。

銀行というものの存在を知ったのも、このときである。

「銀行もないわれわれの国を、欧米列強が相手にしてくれないのも無理はない」

と、へんに納得する始末。

通商とかなんとかいっても、産業もない日本から、彼らに対して売るものがない。この旅行の中で、そういうことに気づいていく。

なにしろ、当時の日本は三百年のあいだにＧＮＰが十パーセントしか伸びていなかったわけで、まわればまわるほど、欧米諸国のすごさを見せつけられ、知れば知るほど、絶望感にさいなまれていったのである。

大久保利通もパリのデモクラシーに絶望感

しかし、日本からの使節団のほとんど全員がしゅんとなる中で、一人だけ例外がいた。大久保利通である。

彼は胃が弱かったため、残っている肖像写真では、いつも怒っているような、つらそうな顔をしているものが多い。

しかし、そんな容貌に反し、大久保の性格はいたって楽天的だった。彼はこう考えた。

「国力の差など、心配しなくていい。銀行がないなら、銀行を買ってくればいい。機関車がないなら、機関車を買えばいい。文明の底力が技術だというなら、つくれるまでは買い続ければいいんだ」

ところがその大久保も、このあとでパリへ行ったときには、絶望感に打ちのめされる。

その当時の日本人は、夕方になるとみんな散歩をする習慣があった。

大久保がパリのセーヌ河のほとりを散歩していたところ、ある時間になったら、いっせいにガス灯がともった。

ホテルに明かりがついているのは、宿泊客がお金を払っているのだから当たり前。しかし、どこのだれがいるかわからないようなセーヌ河のほとりに、ガス灯がともるというのはどういうことなのか……と、彼は考え込んでしまう。

積み重ねてきた技術の基盤には、デモクラシーというものがあり、パブリシティ、つまり公共という概念があるからこそ、欧米列強はここまで発展してきたのである。

ガス灯がパッとともった瞬間、大久保の全身にそういったことが、いっぺんにのしかかってくる。これは、彼の人生で初めての絶望感だった、といっていいだろう。

「だめだ、こりゃ」

ショックを受けた大久保は、その夜、手紙を書いて、その末尾に、「おれはもうやめて引退する」ということを記している。

「やっていく自信がない。これからは三十代の人にまかせて、四十代の人間はもうみんな退くべきだ」

それくらい大きな挫折を体験して、彼はパリを離れたのだが、生来の楽天家というのは、落ち込むのも早いが、立ちなおるのも早かった。

その次に訪問したのが、ドイツである。

ドイツは、プロイセンのビスマルクが統一を成し遂げて、宰相に就任したころで、彼からこんなことを大久保は聞かされる。

「ドイツはこのあいだまで、ヨーロッパの片田舎の国だった。プロイセンなんか、どこも洟《はな》もひっかけてくれなかった。ところが、うちはフランスに勝ちましたよ。なぜか、わかりますか。ようするに富国強兵、殖産興業、この二つなのですよ」

日本語の「富国強兵」、「殖産興業」に相当する言葉は、ドイツにもあった。ここで大久保は、デモクラシーなしでも国家がつくれる、ということを知り、感激する。

これ以後、大久保はビスマルク風に髭をたくわえ、伊藤博文は葉巻のくわえ方まで真似たほどだった。

ということで、明治新政権というのは、かなりいいかげんなところで確立されていったのである。

明治元勲《げんくん》たちの残酷な策謀

明治七年（一八七四）二月、江藤新平《えとうしんぺい》が佐賀の乱を引き起こしたことになっているが、実際には、政敵の大久保利通《おおくぼとしみち》が画策して起こさせたもので、江藤自身はほとんどなにもしていないのに捕縛されている。

さらに死刑のあと、さらし首にまでされて、その気味の悪い写真が後世に残った。享年は四十一である。

江藤新平をおとしめた政敵の画策

この事件のもとになった征韓論《せいかんろん》をめぐる対立は、最近の歴史学の研究によると、江藤を政府内から追い出すために、大久保利通と伊藤博文《いとうひろぶみ》が仕組んだものといわれている。

当時の佐賀は、前年に天災にあって人々が飢え、どうしようもない惨状に追い込まれていた。そういうところに政府の大立者・江藤が帰ったら、大変なことになるのはわかっていたはずである。

危ないとは、彼が大将に祭り上げられ、反乱の首謀者《しゅぼうしゃ》にされてしまいかねないということで、それこそ乾燥しきっているところに、火種を投げ込むようなものだった。

ところが、征韓論に敗れ、下野した江藤は、同郷の副島種臣《そえじまたねおみ》や大隈重信《おおくましげのぶ》など周囲がとめるのもきかず、佐賀に帰ってしまう。そこが大久保のつけ目だったのである。

江藤がなにもしていないあいだに、すでに決起軍が佐賀県内で騒ぎはじめ、「勝った、勝った」と気勢をあげた。そんなときに、江藤は佐賀入りしたのである。

大久保のすごいところは、まだ佐賀でなにも反乱が起きていない段階で、すでに官軍を出動させていた点だ。実際に火がついた瞬間には、もう鎮圧に入っている。

江藤はなにをしていいかわからないまま、一方的に追いかけられて、逃げまわった。

このとき、江藤は逃亡し、鹿児島の西郷隆盛《さいごうたかもり》のところに助けを求めている。

しかし西郷は、「わしではかばえんから、島津《しまづ》久光《ひさみつ》公に頼んでみたらどうか」と助言してくれたのだが、江藤はそれをきかず、さらに四国に逃亡する。

皮肉なことに、江藤が司法卿のときにモンタージュ写真の原型のようなものをつくったのだが、それによって作成された己れの指名手配書がまわってきて、彼は土佐で捕まってしまった。

大久保はこのときの日記に、「江藤醜態笑止ナリ」と書いている。即日、大久保はかたちだけの裁判で、法律にはなかった斬首の刑に江藤を処し、しかも、さらし首にしている。

大久保がそこまでやるほど用意をしていたのだから、江藤としても、もう少しなにか考えるべきではなかったろうか。

三井《みつい》物産は明治の元勲に押しつけられたやっかいものだった

三井物産の創業者である益田孝《ますだたかし》は、嘉永《かえい》元年（一八四八）十月、四代続いた佐渡の地役人の家の長男に生まれている。父親・鷹之助《たかのすけ》は文武にすぐれ、北辰一刀流《ほくしんいっとうりゅう》の千葉周作《ちばしゅうさく》の門弟だった。算術にもすぐれ、幕臣にとりたてられて転勤した父とともに、彼も箱館、さらには江戸に移り住む。

益田が世に出られた最大の理由は、語学に長《た》けていたこと。当時、英語を話せることは、出世においてとても大きな武器となりえた。

十六歳で渡欧、大蔵省入りしたエリート・益田孝

益田はアメリカ公使館で働きながら、ヘボン塾に学び、本場の英語を身につけた。かのタウンゼント・ハリスとも交流があったというが、まだ十代になったばかりのころである。

そして、文久《ぶんきゅう》三年（一八六三）、外国奉行・池田筑後守《いけだちくごのかみ》がヨーロッパ視察に出向いたときに、随員だった父親の家来という名目で、十六歳の彼も同行している。

当時、十六歳で渡欧経験があるというのはたいへんな履歴だが、帰国後は翻訳ができるということ

で幕府直参にとりたてられ、陸軍の騎馬隊の隊長、騎馬頭となっている。

もし戦争になっていたら、真っ先に死んでいたかもしれない。そうならずに生き延びたということで、明治維新を機に、今後のことを考えていたとき、英語が自由に操れるということでスカウトがくる。それが、長州藩出身の井上馨《いのうえかおる》だった。その薦めで大蔵省に入り、益田は大阪に赴任――。

井上という人は、どこまでもお金の好きな男で、西郷隆盛《さいごうたかもり》からも「三井の番頭さん」と揶揄《やゆ》されていたが、三井のみならず、あちらこちらの財閥に顔を売っては、テラ銭稼ぎをしているようなタイプだった。

しかし、司法卿の江藤新平《えとうしんぺい》が大鉈《おおなた》を振るったとき、汚職を追及されて大蔵省を辞職している。そこで、益田を引き込んで「先収会社」という会社を興した。いわば、貿易商社である。

下野したとはいえ、明治政府の要人であった井上がやっている会社だから、なかば官営のようなもの。必ず儲かるようになっていた。その井上が政界に復帰することになったとき、商社を持っているのはまずいということで、いったん解散し、東京の貿易関係の部門を強引に三井に押しつけた。

それが三井物産となるわけだが、そのころ三井のメインは炭鉱と銀行で、三井財閥の側から見たら、物産などほしくもなければ必要でもなかった。井上に言われては断ることもできず、しかたなしに引き取る羽目になったにすぎない。

押しつけられた三井物産で大金持ちに

明治九年（一八七六）、益田が責任者となって三井物産を立ち上げたものの、三井財閥は物産そのものを認めておらず、益田に対しても、「自分自身が出資者として勝手にやれ。そのかわり、儲かったら、利益の一割はおまえにやる」という条件を出した。そのため、当初は運転資金にも困るありさま。

西南《せいなん》戦争のあと、三井銀行から運転資金五万円を借りて、ようやく躍進の手がかりをつかむ。が、三井から申し渡された条件のため、物産が大きくなればなるだけ、益田のふところも潤って、億万長者になっていった。のちに益田が「鈍翁《どんおう》」と号し、古美術品などを集めて優雅な生活を送り、九十一歳まで長生きできたのも、考えてみれば最初の契約のおかげだった。

三井本体も、官営だった三池炭鉱の払い下げ争奪戦に益田が勝ったことで、急激に膨張したが、物産が商社として大々的に活躍しだすのは、さらにのちのことである。

借金回収で三井銀行を救った中上川彦次郎

このころの三井は、旧態依然とした政商の体質を抱えたままで、それが窮地を招くことになる。

明治二十四年（一八九一）、中上川彦次郎《なかみがわひこじろう》（福沢諭吉《ふくざわゆきち》の甥）が三井入りをして、経営危機におちいっていた三井銀行の再建に着手するのだが、三井銀行が落ち目になった理由は簡単で、井上馨もそうだが、政治家たちが抵当も入れないまま、どんどんとお金を借りては、それを踏み倒していったからだ。不良債権が、山のごとくにあった。貸し金の証文はすべて箱に入っていたのだが、こわくてだれも開けられない。それを、中上川は強引に開けさせて、取り立てを開始する。

たとえば、ヱビスビールで有名な日本麦酒醸造会社は、もともと桂太郎《かつらたろう》の弟が経営していた会社だった。そこに多額の金を貸しているにもかかわらず、なにも抵当をとっていない。そのとき、中上川は桂太郎のところへ直談判《じかだんぱん》に行く。桂は陸軍大臣をつとめ、のちに総理大臣になった大物である。

「閣下、弟さんが借金を払っていただけないなら、誠に申し訳ありませんが、お宅の土地財産はすべて差し押さえさせていただきます」

また、宗教団体の東本願寺にも巨額の貸し金があった。そこで、いま国の名勝になっている庭園の枳殻邸《きこくてい》（渉成園）も差し押さえにかかっている。これには東本願寺もあわてて、「信長以来の法難きたる」と大騒ぎになった。

この種の取り立て状を全国の信者に送ったところ、貸した金の十倍ぐらいの金額が返ってきて、中上川の作戦は大成功となった。彼はさらに、他企業、とくに重化学工業関係の会社を次々に買収して、三井財閥の中に組み込み、グループ化していくという手法を展開した。

ただ、不況と重なり、しかも中上川自身が四十八歳で死去してしまったため、方針が転換されて、そこで主導権を握ったのが、これまで脇に置かれてきた益田孝であった。

中上川が辣腕《らつわん》をふるっていたときには、益田のほうが年上であったにもかかわらず、ほとんど口を出していない。もとより、物産は三井銀行とは直接の関係はないが、これを機に、三井財閥の中での物産の発言力が大きくなっていく。

郵便局と日本通運が同時期にできた理由《わけ》

「日本近代郵便の父」といわれる前島密《まえじまひそか》は、天保《てんぽう》六年（一八三五）正月、越後国《えちごのくに》、いまの新潟県上越市で生まれている。豪農の家で、父親は造り酒屋を営んでいた。

医者になることを目指して江戸に出、蘭学を勉強するが、黒船の来航を目のあたりにして、海防や西洋流砲術のほうへ進む決意をした。

その彼が、なぜ郵政というものを考えたのか。

飛脚屋《ひきやくや》への莫大な支払いが国営のきっかけに

幕臣に養子入りし、戊辰戦争のあと、明治政府の役人となった前島は、稟議書《りんぎしょ》を検閲しているときに、京都から東京への公文書の往復に、飛脚屋に頼んだ場合の支払いが、一カ月に千五百両もかかっていることを知る。

京都から東京まで、飛脚で三日半かかったが、一便を仕立てるたびに三十五両かかった。さらに人夫費用として二十三両、安全のために二人で運んだりすると、十二両の追加料金がかかった。

これを整備して、もっと安くしたら、その分、配達地域を広げることができるのではないか、と考えたのがきっかけとなった。

そこで前島は、西洋の郵便制度を調べていくわけだが、はじめは郵便制度の根幹ともいうべき、切手の役割すら理解できない。

料金を先払いするシステムであるが、いろいろな人に聞いても、だれも知っている人がいない。渋沢栄一《しぶさわえいいち》がヨーロッパの使用済みの切手を持っていたのだが、その消印を見ても、なぜスタンプで黒く汚してあるか、その意味すらわからなかった。

前島がその役割に気がつくのは、視察のためにイギリスに向かう国際船の中で、係の人間に教えてもらった結果だった。

制度の確立を建議した前島ですら、その程度だったのである。

文明開化そのものとなった郵政と飛脚業者のその後

郵便制度でもっとも重要なのは、ネットワークづくりだが、お金はかけられない。

そこで、民営化前の特定郵便局に相当する三等郵便局を、各地の金持ちや地主の人たちにつくってもらい、ただで郵政ネットを広げていった。

問題は、江戸時代から二百六十年間、ずっと飛脚で生計を立ててきた人たちである。

明治五年（一八七二）に飛脚屋の総代である佐々木荘助《ささきそうすけ》が、前島に面会を求めてきて言うことには、

「ずっと通信業務に尽くしてきたわれわれになんの断りもなく、政府が郵便事業をはじめるのはおかしいではありませぬか。せめて、われわれに払い下げていただけないでしょうか」

そのとき前島は、「安房《あわ》のある村に一通の信書を送るのに、いくらかかるか」と聞く。

「一両だ」と答えると、「では、鹿児島ではいくらか」「北海道の根室ではどうか」と次々に聞いていった。

その一つずつに、佐々木は具体的にいくらかかるかを答えていく。

すると前島は、朝鮮の釜山までならいくらか、上海はどうか、アメリカやイギリスまでは……。もとより、飛脚は国内のみを対象としていたから、答えられるわけがない。

そうやって、通信ネットというのはどういうものかということを、前島は佐々木にていねいに説明していく。

通信ネットが広がって、全部の情報をどこの地方にいても共有できるようになれば、物価が安定する。また相場も変わる。あらゆる文明開化でもっともわかりやすいのが郵政なのだ、と。

しかし、話をしているうちに、前島もだんだんと飛脚たちのことがかわいそうに思えてくる。

そこで、今後の生活を保障するため、飛脚業者たちに貨物運送の元締めとしての陸運元会社《りくうんもとがいしゃ》をつくらせる。

これが、内国通運会社となり、のちの日本通運へとつながっていく。

初めてのお妾《めかけ》さん作家

樋口一葉《ひぐちいちよう》は一時期、お妾さんをしていた可能性がある。

二十五歳で生涯を閉じた女流文学者――。

しかも、せっかく作家としてデビューしながら、活躍したのはわずか十四ヵ月、最初のヒット作を出したときには、すでに不治の病に冒されていたという、非常に薄幸の女《ひと》だった。

悲劇は家督を相続したことから始まった

樋口一葉は、明治二十一年（一八八八）二月二十二日、十七歳で樋口家の家督を相続した。

彼女の上には二人の兄がいたが、長兄は早世、次兄は素行が悪く勘当《かんどう》状態、二人とも家を継ぐことができなかった。

明治の時代、家長というものがいないと、家が成り立たない。そこで、兄が死んだあとは、父を後見人に、長女の彼女が、女でありながら家督を相続することになったのである。ほかに、下に妹が一人。

一葉の人生があまりにも短い二十五年で終わったことの原因のすべては、この家長となって家督を相続したことに尽きるともいえる。

彼女の父親は甲州の農家の出だが、江戸に出たあと、武家奉公をして同心株を買い、武士身分を得た。明治維新以後は、東京府庁警視局に奉職している。

母親は、女に学問は必要ないと考える人だったが、父親のほうは女性の教育に理解があって、娘に小学校の高等科四級まで行かせ、そのあと小石川にあった女流歌人の中島歌子《なかじまうたこ》が主宰する「萩《はぎ》の舎《や》」に入塾させている。これは歌の塾で、上流階級の貴婦人たちが集まる社交サロンでもあった。そこに一葉は、内弟子のようなかたちで入っている。

彼女のほかに、田辺夏子《たなべなつこ》、三宅花圃《みやけかほ》と、「三才媛」と称された能力のある女性もいたけれども、そこに集まる多くはお金持ちの人ばかり。一葉は才能があり、しかも負けん気が強い人だけれど、とても貧しい。

父親はなんとか一旗揚げたいと、明治二十年（一八八七）に警視局を退職してから事業をはじめたが、結局は失敗。その後、次兄も事業に失敗して、多額の負債を背負い込んでしまう。

そうした負の遺産がすべて、彼女の双肩にのしかかってくるのである。

借金返済のために小説を習い、占い師の妾にもなった？

現在と違って、当時は女性が働くこと自体ままならなかったため、母と妹の三人で針仕事や着物の洗い張りなどをしながら、一葉は貧しい生活を送る。

どうしたものか、と途方にくれていたところ、友人で、「三才媛」の一人、三宅花圃が『藪《やぶ》の鶯《うぐいす》』という小説を発表した。しかも、かの坪内逍遥《つぼうちしょうよう》が序文を書いたものだから、そのおかげもあって、かなり売れた。

そこで一葉は、小説がお金を稼げるということを初めて知り、自分も小説家になろうと決意する。

しかし、小説というものを習ったことがないので、どう書いたらいいかわからない。

そこで、そのころ出会った朝日新聞の小説記者・半井桃水《なからいとうすい》に頼み込んで、小説作法の手ほどきをしてもらう。

そのとき桃水は、一葉にこんなことを言っている。

「自分はけっして名声や名誉のために著作をしているのではない。弟や妹など、うちにはまだ幼い子どもたちがたくさんいる。自分は生計を立てるためにやっているんだ」

まさに己れの考えていることと同じということで、一葉は桃水に惹《ひ》かれたようだ。

彼は独身で、なかなかの美男子、しかもなにかと樋口家の家計を心配してくれる。恋愛感情が芽生えないわけはない。

ところが、当時は恋愛自体がタブーの時代である。スキャンダルになりかけ、友人の田辺夏子からもこんなアドバイスを受ける。

「あなたは世の中の義理のほうが重いと思うか、それとも家の名前を惜しいとお考えになるのか」

それで結局、明治二十五年（一八九二）六月十二日に、二十一歳の一葉は桃水との交際を断念し、みずから彼のところへ絶縁を告げにいく。

「世の義理は重んじなければなりません。自分ばかりではなく、母もあれば、兄、妹もあるので……」

その後、彼女は小説を書きながら、それだけでは足りないので、ひきつづき従前の内職などもやって、生計を保っていたが、そのさなかに、次兄の破産差し押さえ騒動が起こる。

にっちもさっちも行かないところで、吉原の近くに引っ越し、そこで雑貨屋を営みながら、遊女の手紙の代筆などをして暮らすことになる。

このころ、ある程度はお金を得ていたのだが、ここで一葉は、占い師で、相場師というか、高利貸しというか、得体の知れない人物のところに借金の申し込みにいく。

そうしたところ先方から、こんなことを言われた。

「月に十五円出すから、おれの妾になれ」

これは一葉の日記に出てくる話だが、いまでいうと、五十万円ぐらいだろうか。

ところが、占い師からの申し出を、彼女は日記に断ったとは書いていない。しかも、一葉の日記はここから先、半年余りが切り取られていて、そっくり消えているのである。

一葉の死後、この日記を管理していたのは妹で、彼女が破り取ったに違いなかった。

そこになにが書かれていたかは想像するしかないにしても、破棄されたことが、逆に一葉が占い師の姿をしていたことの傍証《ぼうしょう》になるのではないだろうか。しかも、周囲の人の証言では、妾話を受けたと述べられている。

もっとも、貧しいうえに、女性の職業がほとんどない当時、妻子ある男性が妾を囲う例は、とくに珍しい話ではなかった。幕末のころには、ラシャメン（洋妾）といって、外国人を相手にする女性というのが、きれいな服を着られて、おいしいものが食べられるということで、旗本の奥さんや娘のあいだであこがれとなり、ブームになったこともある。

その時期、一葉は知り合いの文学者のほとんどの人のところに借金を申し入れている。初恋の相手である半井桃水のところにまで、借金をしにいっている。

おそらく、桃水とは男女の関係にあったはずで、してみると、面子《メンツ》を捨てて、ありとあらゆるところに金を無心してまわっている様子が、痛々しく浮き彫りにされてくるのである。

吉原の近くで生活していたころで、遊廓関係者とも交流があったことから、言葉は悪いが、一葉は持ち前の美貌《びぼう》を武器に、男からお金を巻き上げる手練手管《てれんてくだ》を身につけていたに違いない。

占い師から妾話を持ちかけられたときも、そのときははっきりした返事をしないまま、お金だけはきっちりと借りて帰っている。

流行作家になったとたんに結核に蝕《むしば》まれる

一葉のことを調べたとき、彼女がどうしてそこまで借金をしてまわったのか、がよくわからなかっ

た。

たしかに父親が事業に失敗したとか、兄が破産したとかいう事情はあったけれども、それにしてはあまりにも、ある一時期にだけ借金が集中しているのである。

そこでさらに調べたところ、その時期に彼女のいとこが東京へ出てきていることが判明した。

このいとこがハンセン病を患《わずら》っていて、隔離施設に入ったとたん、お金がかかるようになったことが、明らかになってきたのである。

彼女はまだ若い女性ながら、樋口家の当主である。自分がなんとかしなければならないということから、治療費集めに奔走《ほんそう》せざるをえなくなったものと思われる。

その証拠に、このいとこは半年後に亡くなっているが、そのとたんに、一葉の借金話も消えている。

しかも、タイミングが悪いことに、いとこが難病で亡くなった次の年から、『うつせみ』『にごりえ』『十三夜』『たけくらべ』などが、次々とヒットしていく。

その間に一葉は結核に蝕まれて、自分はもう助からない、ということがわかってくる。

その助からないとわかったときに、森鷗外《もりおうがい》や幸田露伴《こうだろはん》に認められて、一流作家の仲間入りを果たすのだから、じつに悲愴《ひそう》な話である。

そして、訪ねてくる人に、よくこんなことを言っていたという。

「お目にかかったけれども、次はお会いできそうにない」

そして、明治二十九年（一八九六）十一月二十三日、一葉は二十五歳の若さで、無念のうちにこの世を去っていく。

多くの人に借金したためか、葬儀には十四、五人しか参列しなかったといわれている。

彼女が家長にさえならなければ、もっと違う生き方ができたのではないか、そう思うと、哀れでならない。

しかし、わずか四年間のあいだに書き残したその作品は、いまなお人々に読み継がれている。

日清・日露、生命《いのち》を賭《と》した三人の参謀

敗戦必至――大方の日本人が、大国ロシアと戦って勝利できるとは思っていなかった。

当時の日本を代表する大企業の株価が軒並《のきな》み大暴落したのは、投資家たちも、日本の敗戦を予測していたからに違いない。

その戦いこそ、世界の大国ロシアに小国日本が挑んだ、日露戦争である。

ドイツ陸軍を参考にし「今信玄《いましんげん》」と呼ばれた豪傑・田村怡与造《たむらいよぞう》

日清戦争が終わったあと、日露戦争に踏み込んだ過程で、すべてのプログラムを作成したのは、田村怡与造という人物だった。

どんなに考えても、大国ロシアが相手では、勝ち目は五分が精いっぱい。しかし、明治三十六年(一九〇三)、ロシアは朝鮮半島の西北部まで侵攻。日本は国の命運をかけて、この大国と戦わなければならなかった。

勝つためには、最低でも勝算を六分にもっていかなければならない。

そのことを考えると、夜も眠れない日が続いた。

結局、田村はこのときの心労がたたって、戦う前に急死してしまう。まさに、過労死である。

嘉永《かえい》七年（一八五四）、田村怡与造は甲斐国《かいのくに》（現・山梨県）の神主の家に生まれている。勤皇《きんのう》方の断金隊に入って、戊辰《ぼしん》戦争に参加している。

明治になって小学校ができると、二十歳そこそこで校長に就任。翌年、結婚。にもかかわらず、陸軍士官学校が創設されると、これに応募してしまう。

ところが、これがまさかの不合格。それが納得できず、彼は校長のところに直談判に及ぶ。

「なんで私が不合格なんですか。私のように優秀な人間を採らないで、どうするんですか」

普通なら、直談判しても結果は覆らない。が、田村は補欠ながら、合格になったというから、創成期とはいえ、いいかげんな話である。

しかも、この不合格といわれた彼が、首席で卒業。のちに、出身地にちなんで〝今信玄〟といわれるほど、陸軍最高の参謀になるのである。

明治十五年（一八八二）、ドイツに留学。帰国後、視察したドイツ陸軍を参考に、演習の仕方や戦い方、その他のいろいろなルールを決めていった。

日清・日露の陸軍参謀トップが次々と急死した理由

日清戦争のときには、田村は上席参謀・川上操六《かわかみそうろく》のもとで、作戦立案にあたっている。川上は日清戦争の陸戦をことごとくプログラムした人物である。

しかもこの日清戦争のさなか、田村は大本営に乗り込んで、陸軍の大御所である山県有朋《やまがたありとも》を、堂々と批判した。無論、処罰されているが、彼はまったく意に介していない。それくらいの気骨漢《きこつかん》だった。

日露関係が緊迫するなか、開戦に及んだ場合、作戦立案には川上があたる予定だったが、明治三十二年（一八九九）にその川上が死去してしまう。

かわって参謀総長に就任した大山巌《おおやまいわお》は、〝今信玄〟の田村を参謀本部次長にして、彼にすべてを託した。

まず田村は人事を一新して、トップの大山以外の旧薩摩藩出身者を一掃、実力本位の参謀本部を構築する。

その一方で田村は、刻々とロシアの問題が煮詰まってくるのに、戦うのか、戦わないのか、その腹の内をいっこうに見せなかった。あまりの煮えきらなさに、参謀たちが食ってかかる場面もあったが、田村の様子は変わらない。どんなふうにしても勝てないと思われるなか、彼自身の中では着々と作戦計画が立てられていたのである。

ところが、開戦間近の明治三十六年十月一日、その田村は五十歳で急死してしまう。

当然、これによって、参謀本部は大混乱におちいった。なにしろ、開戦に踏み切るか否かもはっきりさせないで、〝今信玄〟は死んでしまったのだから。

とりわけ、大山巌の落胆は大きかったようで、こんな弱気な発言をしている。

「一老人の意見であるが、いますぐの開戦は、わがほうに不利である」

結局、ここで彼に死なれたために、大臣まで経験した児玉源太郎《こだまげんたろう》が自ら参謀本部次長（開戦後は総参謀長）となって作戦立案にあたることになった。

田村の考えていた作戦と児玉のそれを比較してみると、田村のほうが防衛戦的であったことがわかる。

戦争の範囲を朝鮮半島までしか想定しておらず、初発で勝ったところで戦いをおさめるという筋書きだった。だから、旅順のことなど、研究すらしていなかった。

ところが、児玉になって作戦が一気に満州のほうへ旋回したため、そうとうの犠牲を払わされることになったのである。

ただ、田村の作戦がなかったら、児玉もそのあとの色づけができなかったに違いない。

田村の師ともいえる川上は、日清戦争の直後に死んでいるし、児玉にしても、日露戦争が終わった翌年に死去している。川上は五十二歳、児玉は五十五歳であった。

このころの参謀のトップの仕事は、それほどの激務であり、重い責任を負わされていたのである。

初めての未来予想「二〇六五年の日本」

大正九年（一九二〇）、このころの言論の雑誌『日本及日本人《にほんおよびにほんじん》』が「百年後の日本」を特集した増刊号を出して、日本がこれから先どうなるのか、という未来予測を試みた。

およそ百年前の人々は未来をどう描いていたか

ちなみに、日本にもたらされた未来小説の翻訳第一号は、慶応《けいおう》四年（一八六八）の『西暦二〇六五年及び未来の瞥見《べっけん》』という本で、主人公が夢の中で未来のロンドンを見物して帰ってくる、という物語だった。

世界中で電気通信網が発達し、飛行機も飛んでいる。都市はガラスのドームにおおわれて、完全な気象管制が行われ、冷暖房も完備している。図書館や博物館、天文台が整備され、言葉は世界共通のエスペラント語になっていた。

それから十年後＝明治十一年（一八七八）、フランスの小説家ジュール・ヴェルヌの『新説八十日間世界一周』をはじめ、『月世界旅行』『地底旅行』『二万海里海底旅行』が日本語に翻訳されている。

日本人が書いた作品としては、作家は特定できないが、明治十五年（一八八二）のSF小説がある。これは、主人公が精神だけで宇宙の星々を訪問するという内容だが、町には水晶の家が建ち並び、金持ちは空中散歩機で移動し、巨大扇風機で雲や雨を吹き払ったりしている。気球船ゲームで争って勝ったほうが政権を担うとか、とにかくギャンブルがさかん。おもしろいことに、主人公が男性ストリップをするシーンもあった。

このあたりは荒唐無稽《こうとうむけい》だが、明治三十四年（一九〇一）一月に報知新聞が「二十世紀の予言」と題する記事を掲載していて、これにはわりとまともなことが書かれていた。

たとえば、七日で世界一周旅行ができるようになるとか、相手方に自分の姿が写る写真電話ができるとか、石炭を使用せず、したがって煙や汚水を排出せず、東京―神戸間を二時間半で走る快速電車が登場するとか、ＦＡＸやテレビ電話、新幹線より先のリニアモーターカーの登場まで予言されていた。

そのほか、エアコン、カタログ販売、自動車の普及、医学の進歩から、野生動物の危機にまでおよんでいる。

明治四十四年（一九一一）になると、幸田露伴《こうだろはん》が少年雑誌に「滑稽《こっけい》御手製未来記」という文章を書いていた。日曜営業の銀行、民間警備保障会社、モノレール、ビデオによる防犯装置の出現など、非常に現実的な発想が述べられていた。

意外と当たっていて考えさせられる未来予想図

さて、『日本及日本人』の「百年後の日本」だが、これは大々的な特集で、三百五十人ほどの著名人たちが原稿を寄せていた。

たとえば島崎藤村《しまざきとうそん》は、「努力の積極的効果、百年後に得るものに無駄なものはない」、歌人の今井邦《いまいくに》子《こ》は、「おそろしく西洋化した時代がくるのではないか。日本がアメリカ化されることを心配している」ということを書いている。

ＳＦ作家・星新一《ほししんいち》の遠縁にあたる哲学者・桑木《くわき》厳翼《げんよく》は、「人間想像力の貧困さが出てくる。百年後、大学で講義をしても、学生が一人も聞いていない時代がくるだろう」。

大正・昭和時代の教育者・大島正徳《おおしままさのり》は、「勝手放題になるだろう。婦人の代議士が出る。大学は男女入学勝手しだいとなる。家族制度がなくなる。義務教育は十年に延長される。都会では西洋式の共同建築が多くなる。ローマ字が普通に用いられるようになる」。

これらには、なにかしら、考えさせられるものがあった。

『武士道《ぶしどう》』はなぜ世界的ベストセラーになったか？

いまでも「武士道」という言葉がよく使われるが、本来の武士道と、いまの日本人が考えている武士道とは、かなり違っていた。

『武士道』は西洋の騎士道を意識して書かれた？

前の五千円札の絵柄にもなった、明治から昭和前期の教育者である新渡戸《にとべ》稲造《いなぞう》が、明治三十三年（一九〇〇）、『武士道』という本を書いている。

新渡戸がドイツ留学中、ベルギーのラブレーという教授から、日本人の道徳教育について質問された。

「日本の学校には、いまは宗教教育がない。にもかかわらず、日本国民は正邪・善悪をどうやって知るのかね」

そう問われて、病気静養中に自分なりに考え続けながら書いたのが『武士道』で、原文は英文、タイトルは『BUSHIDO, The Soul of Japan, An Exposition of Japanese Thought』。

これが西洋で人気を博したため、日本語版も出版されて、明治の終わりごろにちょっとした武士道ブームを巻き起こしている。

道義、良心、節義、廉恥《れんち》といった儒教の理念を日本風にアレンジしたもの、これが新渡戸の武士道に対する基本的な考え方で、多分に西洋の騎士道を意識して書かれたように思われる。

また、新渡戸は敬虔《けいけん》なクリスチャンでもあった。

たとえば、江戸時代中期の武士の心得をまとめたという『葉隠《はがくれ》』には、「武士道というは死ぬことと見つけたり」とか、「狂え、まず狂ってしまうことだ。本気になって人間が狂ったら、多数の人間でその人間一人を殺そうとしても、なかなか殺せぬものだ」などと書かれている。

それに対し、新渡戸が述べているのは、まったく違った世界である。

外国人の妻に校正してもらっているため、非常にスマートで読みやすいということで、外国人受けした。

ドイツ語、フランス語などにも翻訳されて、日本の書物では最初の海外ベストセラーとなった。

これがヨーロッパでよく売れたのは、日本が日清、日露の両戦争に勝利し、にわかに注目が集まったこととも関係している。この戦争以前には、一般の西洋人のほとんどは、日本の存在すら知らなかったのである。

セオドア・ルーズベルト大統領も読んだベストセラー

陸軍少将だったころの乃木希典《のぎまれすけ》が、フランスに行ったとき、パリでインタビューを受け、社会主義についてどう思うか、と聞かれた。しかし、彼にはわからなかったので、「社会主義とはなにか」と聞き返したところ、こんな答えが返ってきた。

「わが身を犠牲にして、他人を助けることだ」

そこで乃木は、そういうものなら日本にもある、と胸を張ってこう述べた。

「日本の武士は己れを犠牲にして仁をなすもの。武士道は自分を犠牲にして他人を助けるものだから、社会主義よりも優秀だ」

明治三十三年（一九〇〇）に、新渡戸稲造の『武士道』が欧米で出版されたとき、のちのアメリカ大統領、セオドア・ルーズベルトまでがこの一冊を買って読んでいた。そして、日露戦争終結で仲介の労をとったとき、彼はこんなことを述べている。

「日本という国をよく知らないが、私は『武士道』は読んだ。あのすばらしい国ならば、およばずながらお役に立ちたい」

当時、欧米諸国には、『武士道』に魅せられた人々がかなりいた。

武士道に魅せられ、日本で活躍したアイルランド人

ただ、日本在住のフランシス・ブリンクリーというアイルランド人は、ちょっと変わっている。

彼はのちに「ジャパン・メイル」紙の主筆となり、日露戦争における日本の正当性を説いたり、殉死した乃木希典を擁護したりしているが、ブリンクリーが日本にやってきたのは、明治維新の前年、慶応《けいおう》三年（一八六七）のことであった。

当時はイギリス陸軍の砲兵中尉だったが、家が名門で、将来を嘱望されていた彼は、休暇のついでに日本に立ち寄って、長崎あたりをぶらぶらと見物してまわっていた。

そして偶然、武士同士が斬り合いをしている場面に出くわす。

斬り合いをして一方が倒れたが、そのことに彼は衝撃を受けたわけではない。勝ったほうが着ていた羽織を脱いで、自分が斬り殺した相手にかけてやった光景を見て、ブリンクリーは大きなショックを受けたのである。

そこで、どうしてそのようなことをするのか、と聞いたところ、これが武士道というものだと言われ、よくはわからないけれども、彼は深く感動する。

そこで、武士道というものをもっとよく知りたいということで、ブリンクリーはそのまま日本にとどまり、日本語を学び、日本人の妻までもらう。

当時、イギリスでは日本人女性と結婚するのは大変なことだった。なにしろ、東洋人を劣等民族と思っているから、本国ではそうとうに揉《もめ》たらしい。

結局、裁判までやって許可を勝ち取り、日本のために海外からの配信を翻訳したり、日本の立場を世界中に配信したりして、彼は活躍することになる。

明治三十八年（一九〇五）、日露戦争の奉天会戦《ほうてんかいせん》が終わったあと、日本陸軍は弾薬が切れ、兵力の補充もきかず、財政も悪化して、立ち往生してしまう。

そのときの総参謀長・児玉源太郎《こだまげんたろう》が、ひそかに帰国して、今後の方策を相談した相手の一人が、ブリンクリーだった。

世界の世論を日本に有利に導くために、彼は頑張ってくれたわけだが、ブリンクリーはそうした国家機密的なことを、自分の息子に対してすら、死ぬときまでいっさい語っていない。

当時、イギリスが日本の国債を買ってくれたため、財政的におおいに助かったわけだが、そのさい、日本という国を紹介・宣伝したのも彼だった。なにしろ、欧米諸国は日本のことなどだれも知らない時代である。

大正元年（一九一二）に、乃木が明治天皇に殉《じゅん》じて自刃《じじん》し、世界中からこれを狂気のごとく論評したときにも、日本の武士道にはこういうところがあるのだ、ということを、数時間も費やして海外に打電してくれたのもブリンクリーだった。

はからずもそれが、彼の絶筆となり、七十一歳でブリンクリーは亡くなっている。

日本政府はこのとき、勲二等を授与した。

その彼が最期に残した言葉は、こういうものだった。

「私は日本の、武士道そのままに生きたかった」

借金の名人、研究は世界的な偉人

かつて、ラジオ番組で野口英世《のぐちひでよ》を取り上げたとき、「この人は梅毒《ばいどく》だった」と述べたところ、福島県猪苗代町《いなわしろ》の周辺から、非難が囂々《ごうごう》と殺到した。

「野口先生をバカにするな！」

「先生は梅毒を研究したのであって、梅毒にかかったのではない。根拠があるなら示せ。ないならいいかげんなことを言うな！」

番組宛てに、メールはくるわ、電話はくるわ、凄まじい反響だった。やはり、郷土が生んだ偉人を神様にしておきたいのが人情らしく、しばらくは福島への講演を遠慮したほどだった。

ところが、たしかな事実を調べれば調べるほど、野口英世という人物のすぐれた面と同時に、ネガティヴな面も次々に浮き彫りにされてくるのである。

学校に行かないで国家試験をパス、二十二歳で医者になる

明治九年（一八七六）、現在の福島県猪苗代町の貧農の家に生まれた野口は、一歳のときに囲炉裏《いろり》

に落ちて左手を火傷《やけど》した。しかし、貧乏なため医者にかかることができず、指が癒着《ゆちゃく》して開かなくなり、周囲から「てんぼう、てんぼう（手ん棒。棒のような手の意）」と言われて育った。

それが十五歳ごろ、手術を受けて指が開くようになったために、自分も医者になることを目指すようになった……。これが野口に関する、伝記の基本ストーリーである。

ところが調べてみると、野口の指が開いたのは一部だけで、五本の指が自由になったわけではなかった。しかも、彼自身は医者を目指してはいない。自分としては、小学校の教員になりたかった、といっている。

しかし、小学校の教員は鉄棒もできなければならないのだが、彼の手では難しい。それで、「おまえは頭がいいんだから医者になったらどうか」と周囲に言われて、野口は医者を目指すようになったのである。

たしかに、彼は頭はよかった。当時、大学に通っていてもむずかしい年二回の医学の国家試験を、両方とも一発でパス、二十二歳にして医師免許を取得している。日に三時間寝るだけで、あとはずっと勉強をしていたという。

だが、その野口がなんと、女の子を追いかけまわし、ストーカーまがいの行為で、警察沙汰になったことがあるのだ。相手は医師を目指していた後輩の女性だが、彼女に言い寄って、

「これを君にやる。勉強の材料に使いたまえ」

そう言って渡したのが、人間の頭蓋骨《ずがいこつ》だった。この行為で警察に呼び出され、

「もう一度やったら、今度は牢屋にぶち込むからな」

と、きつくお灸をすえられている。この一件は、被害者の女性の息子が書いた本に出てくる。

借金と遊郭通い、知られざる野口英世の実像

野口英世が書いて残っている手紙の、八割から九割は、借金の依頼とその証文である。

ただ、興味深いのは、彼には必ず支援者があらわれるという点だった。

このころの支援者の一人に、血脇守之助《ちわきもりのすけ》という人がいた。東京歯科大学の創立者の一人だが、この人が自分の息子に語った言葉がおもしろい。

「女に惚れるのはいい。しかし、男が男に惚れたら、身代かぎりだぞ」

その言葉どおり、彼は財産のすべてを野口に注ぎ込んだのである。

だから、実際に接してみないとわからない魅力が、野口にはあったのだろう。

血脇は野口の悪所（遊廓）通いをやめさせるために、海外行きを勧め、妻の着物から指輪まで質に入れて渡航費用を工面してやっているのに、野口はその金でさらに遊蕩を続けた。

遊廓に居続けるのと、騒ぐのが好きで、自分のお金でもないのに、平気で同僚も連れていく。その意味では、天真爛漫《てんしんらんまん》な人物だったように思われる。

かわいそうなのは支援者のほうで、また一から資金をつくりなおしたが、それもまた遊廓通いに消えた。

そういうことの繰り返しで、血脇も最後には、野口を船に乗せてから切符を渡したという。そのときの資金は、血脇が高利貸しから借りたものだったようだ。

北里柴三郎《きたざとしばさぶろう》の伝染病研究所をやめたあと、野口はお金目当てに金持ちの令嬢と婚約したことがあったが、結納金まで遊蕩に浪費したことがばれて、破談になっている。

こうした悪所通いがたたって梅毒にかかったかと思われるが、そのことを証明する一つの証拠は、彼がアメリカの医学者フレクスナーに宛てた手紙である。その中で、自分は梅毒のために心臓が肥大して、生命保険に入れなかった、ということが書かれている。

もう一つの証拠は、イザベル・プレセットが書いた伝記『野口英世』で、その本に、「梅毒感染症がもとで心臓欠陥障害を起こした」という記述があった。

梅毒は二十年以上も潜伏することがあるので、日本にいたころに感染していた可能性は十分にある。

アメリカに渡り、飲み屋の女将《おかみ》と結婚

野口は、父親が大酒飲みで、貧乏なのに浪費家でどうしようもないという家庭に育った。

どうにか学問で身を立てて、北里柴三郎の伝染病研究所に入ったのだが、まわりは東大出の人間ばかりで、ここでは自分は出世できないと悟り、アメリカに渡ることを決意した。

それも、たまたま日本にきたときに一度だけ通訳をしたことがあるというだけで、そのほかにはなんの縁もないペンシルベニア大学のフレクスナー教授を頼って、そのもとに押しかける。

こうして見てくると、野口という人は、伝えられているよりもはるかに利己的で、立身出世欲の強い人物だったことがわかる。

やがて彼は、アメリカで実際に出世を果たすことになるのだが、野口が最初にやった仕事は、毒《どく》蛇《へび》の口を開ける作業。毒蛇が毒牙でかんだ瞬間、毒液が噴出する。その毒を採取するのが彼の役目だった。

それで蛇毒用のワクチンをつくるのだが、だれもこわがってやりたがらない仕事を、彼は、当時のアメリカのウェイトレスの、給料の半分以下の報酬で引き受けている。そこからスタートして、彼は成り上がっていくのである。

野口はアメリカで結婚しているが、相手はアイルランド系のメリーという女性。この女《ひと》は身長百七十センチ、それに対し、野口は百五十センチそこそこ。そのメリーさんが、もと飲み屋の女将で、アルコール中毒ときている。毎晩のように酔っぱらっては野口と喧嘩《けんか》をし、旦那のほうがボコボコにやられていた。

同じアパートに住んでいた人の証言が残っていて、奥さんに殴られて野口のほうが気絶したこともあった、と書かれていた。

ただ、野口のような人間にとっては、寝ているとき以外は顕微鏡をのぞいてばかりいることに対し、文句を言わない、食事をつくってくれる、洗濯もしてくれるという妻の存在が、心底、都合がよかったのだろう。

野口がそれ以上にメリーを評価していなかった証拠に、日本に凱旋《がいせん》したとき、彼女を同行していない。憧れている女性像はあったようだが、少なくともメリーはそのタイプではなかった。

第一次世界大戦がなければ日本人初のノーベル賞受賞者になっていた？

その後は輝かしい経歴ばかりで、デンマークに留学し、二十八歳でデンマーク国立血清研究所に入所している（このときも妻を同行していない）。アメリカに戻っても、いろいろと支援してくれるところがあって、世界的な権威者になっていく。

前述のように、野口の最初の研究テーマは蛇毒。その研究が一段落したあと、梅毒の研究にとりかかるわけだが、それは自分がかかっていたからだと思われる。

そして、明治四十四年（一九一一）、三十六歳のとき、梅毒病原体の純粋培養に成功。

このように彼は非常に利己的な野心家ではあったけれども、研究成果に対する評価は高く、ノーベル賞の有力候補だった。

ノーベル生理学・医学賞は第一次世界大戦中の四回、停止されていたが、その四回のあいだに、野口は二回ないし三回はノミネートされている可能性があったし、停止されていなかったなら、間違いなく日本人初のノーベル賞受賞者の栄誉に浴していたことだろう。

この点はどういうわけか、日本ではあまり伝えられていないが、世界的にも最先端を行く学者であったことは何人《なんぴと》も否定できない事実である。

ただ、彼が黄熱《おうねつ》病の病原体を見つけたと主張した最後の業績については、学会的にはのちに否定されて、これは野口の勘違いだったことがはっきりしている。

黄熱病の病原体は、細菌の約百分の一の大きさのウイルスで、それを観察することができる電子顕微鏡が開発されたのは、野口が死んだ十年後。つまり、野口が使っていた顕微鏡では、見えるはずがなかったのである。

したがって、野口が発見したという病原体は、おそらくウイルスに付着していた雑菌を見たのだろうといわれている。

その証拠に、アフリカで研究中、自分が開発した黄熱病のワクチンを使っていながら、彼自身が黄熱病にかかっている。つまり、効き目がなかったわけで、それによって、昭和三年（一九二八）、五十三歳の生涯を閉じている。

しかしながら、黄熱病ウイルスの発見が勘違いだったからといって、野口に対する評価が損なわれることはなく、そのほかにも、オロヤ熱という風土病の病原菌の純粋培養に成功するなど、めざましい業績を残していた。

その人間性には問題もあるけれども、当時、多くの人が避けて通るような細菌に近づくことは、そうとうな意欲と覚悟があったのだろう。

医学の分野は、研究施設や設備などの点で、在野の学者ではなかなか太刀打《たちう》ちできないところがあるが、細菌の分野は、在野の研究者でも専門家とわたりあえた時代だった。まだ未発見のものが多く、それこそ街の病院の院長でも、努力と根気があれば、なにかしら発見できた時代である。

その点でも、野口が世界の最先端を走ることができる余地があった。どれだけ寝ないで打ち込めるかという点についても、野口の持ち味は存分に発揮されている。

アフリカに渡る前は、メキシコ、ペルー、ブラジルなど中南米を精力的に動きまわっていて、その行動力でも、彼が新しいものを発見する確率は高かった。

――私は彼を、スケールの大きな、魅力ある人物だったと思っている。

初めてのミス日本はどう選ばれた？

明治四十年（一九〇七）九月、アメリカの新聞「シカゴ・トリビューン」が世界中に呼びかけて、世界美人コンクールが実施された。

そのときに、日本も参加しないか、と「時事新報」に要請があった。

それはおもしろいということで、日本中の新聞社に呼びかけて、美しい女性を募《つの》った。ただし、芸者や舞妓などの玄人はだめ、良家の子女にかぎるという条件がついた。

一位になったことで学校を退学させられた女学生

ところが、これがなかなか集まらない。

いくら明治も四十年代とはいえ、江戸時代には公の場に姿を見せることが憚《はばか》られた深窓の麗人を探し出すのは、それ自体がむずかしかった。

それでは、どうやって探したのか。

写真がかなり普及していたので、各新聞社が県下から五人の美人を集め、二百十五枚の写真の中から、もっとも美しい女性はだれかを判定したのである。

ちなみに、シカゴ・トリビューン紙は世界中に募集したのだが、結局、九カ国からしか応募がなかった。

これではとても「世界」とはいえず、企画そのものが不発に終わってしまった。

だが、日本国内の「良家の淑女」写真コンテストの審査は、最終選考まで進み、ちゃんと一等を決めている。

この審査会はまじめに行われ、西洋画の岡田三郎助《おかださぶろうすけ》、彫刻の高村光雲《たかむらこううん》と新海竹太郎《しんかいたけたろう》、歌舞伎役者の中村歌右衛門《なかむらうたえもん》（五世）、日本画の島崎柳塢《しまざきりゅうう》といった錚々《そうそう》たるメンバーが顔をそろえている。

審査員の中には、医師もいた。女性には、妊娠・出産という役割があるため、健康という条件がウエイトを占めたようだ。

一位になったのは、福岡県の小倉市長の娘、学習院女子中等部三年生、数えで十六歳の女性だった。

ところが、一位になったことによって、彼女の人生は大きく変わってしまう。

ときの学習院院長は、乃木希典《のぎまれすけ》だった。日露戦争を勝利に導いた陸軍大将の一人である。

この乃木院長が激怒して、

「とんでもない話だ。辞退しろ」

しかし、女性のほうからは辞退できず、学校を依願退学させられる羽目になった。

ただ、義兄が写真を撮影し、本人が知らないうちに応募してしまったものだったとわかり、乃木も美人コンテストの意義は理解していたようで、彼女を自分の友人である野津道貫《のづみちつら》の息子と結婚させている。

野津は日露戦争の武勲によって侯爵になっているから、この世界美人コンクール日本代表第一号は侯爵夫人になって、戦後の昭和三十八年（一九六三）、七十一歳で亡くなっている。

それはともかく、一等になったことで、いろいろな商品がもらえた。

当時の相場で三百円というダイヤモンド入り十八金の指輪もあった。それから和服、洋服、時計、カメラ、化粧品、ミシン、オルガン……総額にして、「千八百二十三円九十三銭」と書かれている。

最初で最後の空気投げ

ある日、柔道家の三船久蔵《みふねきゅうぞう》は、突拍子《とっぴょうし》もないことを考えた。講談の世界ではよく、「エイッ」と気合いをかけただけで、人間がポーンとはね飛ぶというシーンが登場する。あれを実際にできないものか、と。

しかも、彼は道場で、「エイッ、エイッ」と、本気でやってみたらしい。

鞠《まり》つきから生まれた世紀の必殺技

——これは、〝柔道の神様〟と尊敬された三船にまつわる実話である。

道場でさんざん試してみるも、いくら気合を入れてかけ声をかけても、相手は飛ぶどころか、びくともしない。ふつうなら、やはりそんなばかな話はないだろうな、ということでおしまいになる。

ところが、稽古《けいこ》の虫だった三船は諦めない。少し方法を変えたらどうだろうかと、「エイッ」と気合をかけて相手にちょっとだけ触れてみる。それをまた長い時間、練習しているのである。月に千回、稽古をしたという人だけに、ひたすらそれをやり続けた。

しかし、いくらやっても、ちょっと触れるだけでは、相手は動かない。

ここでも彼はまだ諦めない。では、触ったあと、少しだけ相手の体を動かしてみたらどうだろうか、と考える。次に彼は、鞠をつきはじめた。

『巨人の星』という漫画で、主人公の星飛雄馬《ほしひゆうま》が大リーグボールを編み出すときに、女の子の遊び道具の鞠を持ってきて、それをひたすらつくというシーンがあった。

まわりは、頭がおかしくなったのではないか、という反応を示すが、じつはこのマンガのもとになったのが、三船の鞠を使った実験だったのである。

三船があまりに朝から晩までそれをやっていたので、奥さんも「主人は頭がおかしくなったのではないか」と心配したそうだ。

鞠をつきながら、彼が発見したのは、重心のことだった。物体は、重心が下にあればあるほど、安定している。

人間もそうで、体の大きな人ほど、重心が高いところにあり、その重心をちょっと移動させて、相手を不安定な状態にすれば、簡単に投げ飛ばすことができるのではないか——。

そうした試行錯誤《しこうさくご》から、三船は世紀の必殺技といわれた「空気投げ」（講道館での呼び名は「隅落《すみお》とし」）を完成させたのである。

空気投げは、相手の柔道着をつかんで、体をちょっと移動するだけで、相手の重心が不安定になり、それを利用して倒すというものだった。いかにも、相手に触らないで投げているように見えるが、実際はつっかい棒を失った相手が、自分から倒れこんでいくというメカニズムである。

特別試合で「空気投げ」を世間に知らしめた三船久蔵

稽古場で三船がこの技を披露したときは、ほとんどの人がヤラセ、八百長《やおちょう》だと思ったようだ。常識で考えても、相手にちょっと触ったぐらいで投げ飛ばせるわけがない。

ところが、昭和五年（一九三〇）十一月に開催された第一回全日本柔道選手権大会のとき、三船七段と佐村嘉一郎《さむらかいちろう》七段の特別試合が行われ、そこで、三船はこの空気投げをもちいて、見事に一本をとったのである。

三船は身長一メートル五十九センチ、体重五十四キロという小柄な人だっただけに、この技がよけいに派手に映った。これを見た観衆は、ひっくり返るぐらい驚いた。

彼はこれ以外にも、「大車《おおぐるま》」とか「踵返し《きびすがえし》」など、いろいろな技を考案したが、三船の没後は、「空気投げ」級の大技は生まれていない。

昭和二十年（一九四五）に彼は、柔道最高位の十段になっている。

昭和四十年（一九六五）、三船は八十三歳で亡くなっているが、七十歳を超えてもなお講道館で後進の指導にあたり、死の数カ月前には、東京オリンピックで柔道競技運営委員をつとめている。

彼が考案した空気投げだが、いまでも型は残っているものの、実戦で使える人はいない。

良妻賢母《りょうさいけんぼ》の鑑《かがみ》だった女流歌人の夫への執念

与謝野晶子《よさのあきこ》は、もちろん女流歌人としてすぐれた人だったが、母親としても、あるいは妻としても、完璧な女性だった。

『みだれ髪』の作者は、私生活もすごかった

夫の与謝野鉄幹《よさのてっかん》とのあいだに、六男六女（六男は生後すぐに死去）をもうけているが、五男六女を立派に育て上げている。

しかも、自ら女流歌人として成功し、なおかつ、晶子との結婚後、極端なスランプにおちいった鉄幹を、ヨーロッパにまで留学させている。

その意味では、典型的な良妻賢母といえよう。

夫の鉄幹は、若いときは歌人としてもすぐれ、『明星《みょうじょう》』を創刊。のちに大成する多くの歌人を発掘するなど、めざましい活躍をしている。ところが、結婚してからは才気が停止、気力も失せてしまった感があった。

しかも鉄幹は、今風にいうと、女癖の悪い人だった。晶子と出会ったときには、すでに妻子がいた。そのうえ、山川登美子《やまかわとみこ》という女流歌人とも恋愛関係にあった。そのほかにも、あちこちで女性問題を起こしている。

そうした状況の中で晶子は、まず登美子と仲よくなり、姉妹の契りを結ぶ。なおかつ、鉄幹が放ったらかしにしていた正妻のほうも片をつけ、登美子にべつの男性を世話して結婚させ、それからみずからの結婚を実現させた。

晶子は現在の大阪府堺市《さかいし》の老舗和菓子屋の娘だったが、そこを飛び出して、東京の鉄幹の屋敷に住み着き、二十四歳のときに『みだれ髪』を刊行する。

やわ肌のあつき血汐に触れも見で
　さびしからずや道を説く君

当時、タブー視されていた性の問題を、女性が堂々と肯定したのは前代未聞《ぜんだいみもん》ということで、これが大ヒットとなった。

「みだれ髪」という言葉自体に性的なイメージが感じられるし、そうした雰囲気を意識して、このタイトルをつけたのだろう。

ただ、当時、女性が自己を主張するということ自体が稀《まれ》だったから、それをやったという点では、やはり異能の女性だったといえよう。

「女性であっても独立自営」を貫いた人生

ところが、夫の鉄幹のほうは、文学の主流だった浪漫《ロマン》主義もしだいに衰退し、明治四十一年（一九〇八）、『明星』も百号をもって休刊にいたる。

それ以後、鉄幹は創作意欲を失い、書斎にこもって昼寝ばかりしている状態となった。何人もの子どもを抱えながら、生活費も稼ごうとはしない。収入から家計まで、すべては晶子まかせである。

彼女は自分が懸命に稼いでいるだけでなく、なんとか鉄幹にやる気を起こしてもらおうと、前述のように、ヨーロッパへの留学費用まで工面しているのである。

そのために、晶子はあらゆることをした。歌を詠むだけでなく、長編、古典の翻訳、童話まで執筆したり、あるいは、自分の歌を屏風《びょうぶ》にして売ってみたり、見栄も外聞も捨てて、かいがいしい努力を発揮。それもこれも家族のため、旦那さまの栄達を願えばこそであった。

晶子の鉄幹に対する思いには、ある種の執念みたいなものを感じる。ただ、相手の男にとって、それがうれしいものかどうかは、男性の性格にもよるだろう。

与謝野晶子の自筆の短冊がたくさん出まわっているが、お金を得るため、みずから書いただけでなく、それをみずから売って歩いたりもしている。

そして、子どもたち全員に分け隔てなく愛情を注ぎ、立派に育て上げた。これこそ、女性の鑑みたいなところがある。

それにしても、なにが彼女をして、そこまでさせたのだろうか――。きわめて感情的な思いが強く、夫に対しても、あるいは世間に対しても、言いたいことがいっぱいあったのではないかという気がする。

一見、夫と子どもに尽くす前近代的な女性像にも見えるが、実際はそうではない。たとえば結婚というものについても、女は結婚して子どもを育てるべきものという旧式な観念に動かされることなく、みずからの評論の中に、

「結婚もしよう。しかし、それが不可能なら、ほかにいくらでも女子の生き方、天分を発揮すべきところはある」

といった趣旨のことを書いている。

つまり、女性であっても、独立自営すべきということを声高に叫んだだけでなく、自らそれを実践してみせたところが、彼女のすぐれた点であろう。

なにしろ、男に頼って生きているのではなく、逆に夫を養っているわけだから、これほど説得力のある独立はない。

鉄幹の死から七年後の昭和十七年（一九四二）五月二十九日、晶子は脳溢血に狭心症を併発して、六十五年の生涯を閉じた。

著者略歴

一九五八年、大阪市生まれ。歴史家、作家。奈良大学文学部史学科卒業。学究生活を経て、一九八四年より奈良大学文学部研究員。著作活動のほかに、テレビ・ラジオ番組の時代考証はもちろん、番組の企画・監修を担当。人気番組「ザ・今夜はヒストリー」（TBSテレビ系）、「BS歴史館」（NHK BSプレミアム）、「THEナンバー2～歴史を動かした陰の主役たち～」（BS-TBS）などに出演中。さらに全国各地での講演活動も精力的におこなっている。

著書には『不敗の宰相 大久保利通』（講談社+α文庫）、『世界史のなかの平清盛』（勉誠出版）、『加来耕三の感動する日本史』（ナツメ社）、『消えた戦国武将』（メディアファクトリー新書）、監修には『手にとるように日本史がわかる本』（かんき出版）、『コミック版 日本の歴史』シリーズ三十巻（ポプラ社）などがある。

誰《だれ》が、なぜ？ 加来《かく》耕三《こうぞう》のまさかの日本史《にほんし》

二〇一二年三月八日 第一刷発行

著者 加来《かく》耕三《こうぞう》

発行者 古屋信吾

発行所 株式会社さくら舎 http://www.sakurasha.com

東京都千代田区富士見一-二-一一 〒一〇二-〇〇七一

電話 営業 〇三-五二一一-六五三三 FAX 〇三-五二一一-六四八一

編集 〇三-五二一一-六四八〇

振替 〇〇一九〇-八-四〇二〇六〇

装丁 石間 淳

イラスト 山本重也

印刷 慶昌堂印刷株式会社

製本 大口製本印刷株式会社

ISBN978-4-906732-05-0